Manuel du langage déclaratif

Adopter un langage réfléchi pour aider les enfants
en difficulté d'apprentissage social à se sentir
compétents, connectés et compris

Par Linda K. Murphy MS, CCC-SLP

Traduit de l'anglais par Lisa Marcovici

COPYRIGHT © 2025 LINDA K. MURPHY

Tous droits réservés. Aucune partie de ce livre ne peut être reproduite ou utilisée de quelque manière que ce soit sans l'autorisation écrite du détenteur des droits d'auteur, sauf pour l'utilisation de citations dans une critique de livre. Pour plus d'informations, envoyez un courriel à :
linda@declarativelanguage.com

Titre original: Declarative Language Handbook, 2020

Traduit de l'anglais par Lisa Marcovici

Première édition de poche, avril 2025

Conception du livre par Brent Spears

Numéro de contrôle de la Bibliothèque du Congrès : 2025910618

ISBN 978-1-7345162-4-1 (format poche)
ISBN 978-1-7345162-5-8 (édition numérique)

Library of Congress Control Number: 2020901193

ISBN 978-1-7345162-0-3 (English paperback)
ISBN 978-1-7345162-1-0 (English eBook)

www.declarativelanguage.com

Appréciations du **Manuel du langage déclaratif**

« Lorsque j'ai appris que Linda Murphy écrivait "Le manuel du langage déclaratif", une caractéristique distinctive de RDI, je savais que notre univers de l'autisme et de la communication allait être influencé par la pensée avant-gardiste d'une experte véritablement remarquable dans le domaine. Cependant, je n'avais pas prévu les directives claires, pratiques et utiles qui feront de ce livre le plus important sur les étagères des cliniciens et des parents confrontés à l'autisme. Le Manuel du langage déclaratif présente des stratégies spécifiques de manière originale, pratique et réaliste. Je recommande ce livre sans hésitation. »

-Rachelle K. Sheely PhD
Présidente et cofondatrice de RDIConnect

« En tant que clinicienne expérimentée, j'ai constaté qu'en changeant mon langage de l'impératif au déclaratif, je commençais à observer de nouvelles compétences chez les enfants. Je suis toujours étonnée de voir à quel point des changements simples (mais difficiles!) dans mon langage peuvent être si puissants et entraîner des changements incroyables en peu de temps. Nous sommes très chanceux que Linda explique les principes du langage déclaratif dans un livre. Au fil des années, j'ai appliqué certains aspects de cette approche avec les conseils bienveillants de ma collègue Linda. Mais de pouvoir tout retrouver dans un seul ouvrage, avec d'excellents exemples et des exercices pratiques, est tellement précieux. Merci, Linda, d'avoir rassemblé toutes ces ressources en un seul endroit. Grâce à toi, je peux poursuivre mon chemin! »

-Martha Bargmann MS, CCC-SLP
Orthophoniste à l'hôpital général du Massachusetts pour enfants

« Je suis ravi de voir un livre consacré au langage déclaratif. L'évolution vers une plus grande autonomie des élèves et le rôle de mentor des

enseignants dépendent d'une nouvelle forme de langage en classe. Le langage déclaratif élève l'enseignement à ce nouveau niveau. »
-Melissa Andrichak MAT, enseignant de première année

« Enfin ! Un livre facile à lire qui rejoint les parents et les éducateurs "sur le terrain" avec des informations et des stratégies qui aident nos enfants à développer leur pensée critique, la résolution des problèmes sociaux et leurs compétences cognitives plus élevées. Ce livre démontre comment de petits changements dans notre langage peuvent avoir des impacts considérables sur nos enfants dans les domaines de la communication sociale, de la résolution de problèmes et de l'autorégulation ! »
-Beckham Linton MA, CCC S.L.P., consultant en apprentissage social / Coach Heartland Social Learning Center LLC

« Le contenu est organisé de manière très conviviale et généreuse, et propose même des astuces pour sauter des chapitres ! Le style d'écriture est fluide, agréable et pertinent. Le contenu va au-delà de la "technique". Il s'agit d'établir des relations avec les autres dans un profond respect, car nous sommes tous différents les uns des autres. Il nous inspire non seulement à devenir de meilleurs cliniciens, mais aussi à devenir de meilleurs êtres humains ! Je me surprends déjà à repenser la façon dont je présente mes commentaires et mes demandes de manière plus déclarative/réfléchie, avec mes clients, mes enfants, mon mari et lors des réunions de personnel au travail.

J'essaie d'utiliser le langage déclaratif depuis que j'en ai entendu parler pour la première fois, mais ce livre l'amène à un nouveau niveau de compréhension et de soutien, et le rend plus facile à appliquer. Il m'a déjà évité quelques confrontations ! Chaque fois que j'utilise le langage déclaratif et que ça marche, je me dis : *Merci Linda !* »
-Vania Machado MS, CCC S.L.P., Orthophoniste
Intervention précoce dans l'enseignement primaire, superviseur clinique

« Linda décrit à merveille un style de communication qui peut influencer la façon dont les enfants perçoivent leur environnement, ce qui peut à son tour accroître leur niveau d'engagement dans le monde qui les entoure. Le langage déclaratif, tel que décrit dans ce manuel, est une approche basée sur les relations qui aide les enfants à développer leurs compétences et leur confiance en tant que communicateurs. Si vous êtes une personne qui aime la réflexion, vous apprécierez cette lecture ! »

-Hillary L. Perron, OTR/L, ergothérapeute

« Un guide formidable sur l'utilisation du langage déclaratif pour parler aux enfants qui ont des difficultés d'apprentissage social. En tant qu'adulte diagnostiqué avec le syndrome d'Asperger, je comprends l'importance d'aider les enfants ayant des difficultés d'apprentissage social à prendre confiance en eux dans les conversations et à gérer leur perfectionnisme. Le livre explique parfaitement comment le fait de changer notre langage de l'impératif au déclaratif peut faire toute la différence dans les conversations avec les enfants. »

-Carla M.

« Ce livre est pratique et très accessible. Chaque chapitre regorge d'exemples et d'histoires qui le rendent concret. C'est formidable de pouvoir désormais offrir aux familles et aux intervenants une ressource complète sur le langage déclaratif. Lorsque je suis consultante dans les écoles, c'est un outil dont je parle toujours - et maintenant je peux leur offrir beaucoup plus d'informations. Merci d'avoir pris le temps de partager votre passion, d'éduquer le monde sur la puissance du langage déclaratif, de proposer aux gens une approche étape par étape avec de nombreux exemples et outils pour adopter le langage déclaratif. »

-Deirdre Mulcahy Patch MS, CCC-SLP
Feeding Therapist/Speech Language Pathologist

Dédicace

Pour Noah, Ben, Regina et Jason. Merci de toujours croire en mon travail et de me pousser à atteindre les plus hauts sommets possible.

Contents

Remerciements   1

PARTIE 1: INTRODUCTION

Chapitre 1: Pourquoi sommes-nous ici ?   3

Comment utiliser ce livre   8

Chapitre 2: Ce qu'il faut savoir pour commencer tout de suite   11

PARTIE 2: ALLER À L'ESSENTIEL – LES DOMAINES D'APPRENTISSAGE SOCIAL FAVORISÉS PAR LE LANGAGE DÉCLARATIF

Chapitre 3: Passer au-delà du contact visuel   23

Chapitre 4: Utiliser la mémoire épisodique pour résoudre des problèmes   31

Chapitre 5: Apprécier les opinions différentes   39

Chapitre 6: Se tromper, c'est bien   47

Chapitre 7: Penser en termes d'alternatives et de possibilités   55

PARTIE 3: LA MÉCANIQUE

Chapitre 8: Les rouages - construire des énoncés déclaratifs   61

Chapitre 9: L'impératif n'est-il jamais acceptable ?   71

PARTIE 4: RYTHME ET DÉPANNAGE

Chapitre 10: L'importance du rythme — 75

Chapitre 11: Astuces de dépannage — 81

PARTIE 5: PRATIQUE

Chapitre 12: Feuilles de pratique pour vous mettre à l'aise — 93

PARTIE 6: SUIVI DU PROGRÈS ET DE LA RECHERCHE

Chapitre 13: Comment reconnaître le progrès — 97

Chapitre 14: Le langage déclaratif : projet pilote — 105

PARTIE 7: MOTS DE LA FIN

Chapitre 15: Quelle est la suite des choses? — 117

ANNEXE — 121

BIBLIOGRAPHIE — 129

INDEX — 137

Remerciements

J'aimerais exprimer ma profonde gratitude au Dr Steven E. Gutstein, à Dre Rachelle K. Sheely et à la communauté RDI^{MD} de m'avoir présenté une façon différente d'enseigner aux enfants ayant des problèmes de communication sociale. Leur approche visionnaire des TSA et d'autres troubles développementaux, a eu un impact positif sur moi en tant que clinicienne et m'a influencé de façons trop nombreuses pour être comptées. La mise en pratique de leurs idées au cours des 12 dernières années m'a permis d'acquérir l'expérience et la confiance nécessaires pour maintenant partager certaines de ces connaissances.

J'aimerais également remercier Michelle Garcia Winner, Dr Pamela Crooke et la communauté de la pensée sociale (*Social Thinking*^{MD} *Community*). La publication de mon premier livre, *Social Thinking and Me*, coécrit avec Michelle, m'a aidé à acquérir la confiance et le désir de recommencer. Michelle et Pam me démontrent également jour après jour qu'il est possible de changer le monde.

Je suis éternellement reconnaissante à toutes les familles avec lesquelles j'ai travaillé au fil des ans. Vous m'avez montré à quel point un style de communication positif peut faire la différence. Je remercie tout particulièrement les familles qui m'ont permis de partager leur histoire dans ce livre.

Enfin et surtout, je suis reconnaissante à notre équipe de *Peer Projects Therapy From the Heart*. Vous partagez ma vision pour les enfants

Manuel du langage déclaratif

ayant des difficultés d'apprentissage sociales et vous réalisez ce travail important tous les jours.

PARTIE I :
INTRODUCTION

CHAPITRE I :
Pourquoi sommes-nous ici ?

J'ai lu récemment que, de nos jours, la chose la plus importante que nous puissions offrir les uns aux autres, c'est le temps. Je vous remercie de m'accorder votre temps et votre attention en ce moment. Je ferai tout mon possible pour ne pas le tenir pour acquis, j'irai donc, droit au but en vous expliquant pourquoi nous sommes ici et ce que je voudrais que vous appreniez.

Depuis que j'en ai entendu parler pour la première fois en 2007, lors d'une formation pour devenir intervenante en développement relationnel (*Relationship Development Intervention*[MD] - RDI), je parle de et préconise l'utilisation du langage déclaratif. RDI est une approche de traitement du développement fondée par le Dr Steven E. Gutstein et la Dre Rachelle K. Sheely. En formant les parents, RDI aide les enfants rencontrant des difficultés d'apprentissage social à développer des compétences ainsi que des liens sociaux. Ces aspects sont les plus significatifs pour moi en tant que clinicienne. Le langage déclaratif est devenu immédiatement l'un des outils les plus importants de ma boîte à outils pour guider l'apprentissage social. Rapidement, j'étais

Manuel du langage déclaratif

persuadée que cet outil sous-estimé devrait faire partie de la boîte à outils de tous les éducateurs et soignants.

Lorsque j'ai commencé à utiliser le langage déclaratif régulièrement avec ma clientèle, et plus tard avec mes propres enfants, j'ai compris à quel point cette approche est stimulante et rafraîchissante. Il n'y a pas encore de manuel officiel publié sur le langage déclaratif, expliquant comment utiliser ce style de parole avec les enfants ayant des difficultés d'apprentissage social, j'ai donc décidé qu'il était temps de le créer.

Mon objectif en écrivant ce livre est d'aider tout le monde à comprendre le pouvoir du langage déclaratif et à comprendre que ses bienfaits sont importants et d'une grande portée. Mon objectif est également d'aider les parents, les enseignants, les soignants et tous ceux qui s'occupent d'une personne rencontrant des difficultés d'apprentissage social à se rendre compte qu'ils peuvent l'utiliser immédiatement et efficacement. Toute personne lisant ce livre peut apprendre à parler de manière déclarative. Ainsi, vous prendrez tous conscience de l'importance de ce que vous dites et de la manière dont vous le dites. Prêter attention à notre propre style de parole peut établir la différence entre un enfant qui se referme sur lui-même et un enfant qui s'ouvre à l'apprentissage.

En tout cas, j'ai vraiment hâte de commencer cet enseignement ! Mais d'abord, revenons en arrière pour repartir sur la même longueur d'onde.

Je pense que la plupart des gens reconnaissent que les personnes ayant des troubles d'apprentissage social éprouvent des difficultés dans les domaines suivants : avoir une vue d'ensemble, être flexible, gérer ses impulsions, adopter le point de vue des autres, résoudre des problèmes en temps réel et lire la communication non verbale.

Chapitre 1 : Pourquoi sommes-nous ici ?

Apprendre à communiquer avec les autres en partageant des souvenirs, en planifiant un avenir proche ou lointain et en exprimant des émotions peut également s'avérer difficile, pour certains enfants.

Il s'agit là de domaines étendus à prendre en considération et à cibler. Ce sont également des domaines qui sont constamment imbriqués dans chaque interaction et opportunité sociale de notre vie. Ne serait-ce pas formidable s'il existait un moyen de soutenir la croissance dans ces domaines qui soit également tissé dans les interactions quotidiennes et les circonstances sociales ? Et mieux encore - s'il s'agissait d'un outil qu'un parent ou un soignant pourrait utiliser sur le moment pour guider les enfants ou les adultes vers un meilleur apprentissage social ?

C'est l'objet de ce livre. De vous aider, vous qui avez à cœur une personne vivant avec des difficultés d'apprentissage social, à savoir comment utiliser ces moments quotidiens imprévus pour enseigner et guider l'apprentissage social. Il peut s'agir d'un thérapeute ou d'un enseignant, ou encore d'un parent, de grands-parents ou d'un gardien d'enfants. Le but de ce livre est de vous aider à vous sentir outillés pour faire une différence simplement en prêtant attention à votre propre style de communication et de parole, quelle que soit la relation que vous entretenez avec l'enfant.

Voici quelques exemples de moments où l'apprentissage social peut avoir lieu. Ils peuvent sembler anodins, mais les petits moments s'accumulent au fil du temps.

Moments à la maison : Le chat a besoin d'être nourri. Vous prenez votre petit-déjeuner avec votre enfant. La poubelle doit être vidée. Vous préparez les repas pour l'école. Demain, c'est le jour du recyclage et vous devez tout mettre au rebut ! Oh non... encore du travail de jardinage. De l'eau renversée. Vous pensez que ce serait amusant de faire du maïs soufflé. Il faut faire ce sandwich au beurre de cacahuètes

Manuel du langage déclaratif

et à la confiture pour le goûter. Trier les chaussettes qui viennent de sortir de la sécheuse.

Moments à l'école : Annoncer aux enfants qu'il est presque l'heure de la récréation. Quelqu'un n'a pas accroché son manteau. C'est l'heure du test ! Un crayon s'est cassé. C'est encore l'heure du recyclage et vous avez besoin d'aide. Les enfants doivent sortir leurs crayons et leurs livres pour les mathématiques. Une boîte de feutres vient de se renverser ?

En tant que personne occupée, vous aurez tendance à dire aux enfants ce qu'ils doivent faire, ou même à le faire vous-même. Cependant, la vie pourrait être plus agréable si vous profitiez de ces moments pour créer des occasions qui permettront aux enfants de se sentir autonomes, utiles et connectés. Le but du livre n'est pas d'obliger les enfants à faire des corvées ou à accomplir des tâches. Il s'agit plutôt de créer des occasions pour qu'ils puissent résoudre des problèmes et se sentir autonomes. C'est une tout autre histoire lorsque les enfants se sentent responsabilisés et utiles, et qu'ils savent qu'ils sont compétents.

Ce livre vise à aider les enfants à se sentir de plus en plus compétents au fil du temps, à mesure qu'ils parviennent à résoudre des problèmes de plus en plus complexes, tout en étant guidés par le langage que vous utilisez avec eux. Ils apprennent et découvrent ce qu'il faut faire au lieu de se faire *dire* ce qu'il faut faire (ce qui peut entraîner toutes sortes de résistances et de luttes de pouvoir). Lorsque les enfants se sentent compétents, ils deviennent des enfants plus heureux, plus ouverts à l'apprentissage et plus disposés à relever de nouveaux défis. N'est-ce pas ce que nous souhaitons ?

Chapitre 1 : Pourquoi sommes-nous ici ?

Lorsque les enfants se sentent compétents, ils deviennent des enfants plus heureux, plus ouverts à l'apprentissage et plus disposés à relever de nouveaux défis.

Le style de langage que vous êtes sur le point d'apprendre abordera également quelques sujets très importants. Il vous aidera à vous éloigner des luttes de pouvoir et à créer plus naturellement des liens positifs avec les enfants. Il aidera les enfants à se sentir mieux lorsque vous validerez ce qu'ils ressentent tout en les guidant vers des réponses et des décisions plus matures par rapport à leurs sentiments. Cela aidera les enfants à mieux savoir qui ils sont en tant qu'individus ou, en d'autres termes, à améliorer leur connaissance de soi. Cela leur permettra de mieux se défendre dans un avenir proche et lointain. C'est ce qui est le plus important. Nous voulons que nos enfants soient capables de demander ce dont ils ont besoin d'une manière que les autres comprendront et à laquelle ils répondront positivement.

Le revers de la médaille des défis est la possibilité de croissance ! Les aspects spécifiques liés aux difficultés d'apprentissage social qui se développeront grâce au langage déclaratif seront abordés dans les prochains chapitres. Il s'agit de l'observation, de la mémoire épisodique, de la tolérance, de l'acceptation et de reconnaissance d'opinions différentes, de se sentir à l'aise dans l'erreur et de penser aux alternatives.

Je me souviens souvent de cette phrase prononcée par le Dr Steven Gutstein lors de ma formation RDI, qui m'a aidé à changer d'état d'esprit. Il a dit : « Nous devons passer de recevoir à donner ». Nous voulons nous débarrasser du « recevoir ». Je reviens souvent à ses paroles lorsque je suis avec des enfants. Ce qu'il voulait dire, c'est qu'il fallait cesser d'essayer de « faire faire » quelque chose aux enfants

Manuel du langage déclaratif

ou aux adultes ayant des difficultés d'apprentissage social, et plutôt s'améliorer à « donner ». Lorsque nous leur donnons plus de cœur - plus d'informations, plus de compréhension, plus de compassion, plus de patience - il est étonnant de voir ce qu'ils nous donnent en retour. Mais cela doit commencer avec nous.

Nous pouvons encourager les enfants à être réceptifs aux conseils offerts dans l'instant présent. Nous pouvons offrir des occasions d'engagement où ils contribuent de manière significative. Nous pouvons les aider à se sentir à l'aise et à prendre plaisir à apprendre de nouvelles choses. Et nous pouvons les aider à établir des liens sociaux positifs et durables avec les autres. Nous pouvons faire tout cela lorsque nous nous arrêtons pour réfléchir sur ce que nous disons et sur la manière dont nous nous exprimons. Ça, c'est l'objet de ce livre.

Comment utiliser ce livre

Les pages qui suivent comprennent beaucoup d'informations. Si la raison pour laquelle il faut utiliser le langage déclaratif ainsi que la manière de le faire vous intéresse, je vous propose de lire les chapitres dans l'ordre. La deuxième partie en particulier sera pertinente,, car dans ces chapitres, je présente en détail les différents aspects importants de l'apprentissage et de la compétence sociale. Ces explications vous permettront de comprendre le pouvoir du langage déclaratif.

Mais si vous avez hâte de vous lancer dans l'utilisation du langage déclaratif et que vous voulez découvrir la meilleure façon de construire des énoncés déclaratifs, vous devriez lire le chapitre 2, puis sentez-vous à l'aise de passer aux parties 3 et 4. C'est là que j'aborde les mécanismes de ce style d'expression, l'importance du rythme et les astuces de dépannage. Lorsque vous vous sentirez prêt, vous pourrez revenir sur les informations intéressantes de la partie 2.

Chapitre 1 : Pourquoi sommes-nous ici ?

La partie 5 offre des possibilités de pratique distinctes à l'aide de feuilles de travail, vous permettant ainsi d'avoir confiance en ce que vous faites !
La partie 6 aborde des sujets importants tels que le suivi du progrès pour savoir si le langage déclaratif fonctionne, la recherche sur ce style de parole et son efficacité dans le soutien de l'apprentissage social.
Le manuel se termine par une vision de l'avenir et une invitation !

CHAPITRE 2:
Ce qu'il faut savoir pour commencer tout de suite

Il est préférable de commencer par les principes de base, ce qui nous oblige à revenir au cours de grammaire où vous avez probablement appris, à un moment donné, à décrire les différents types de phrases. J'espère que ma maîtresse de 4e année, Mlle Cox, serait fière que j'aborde ce sujet aujourd'hui.

Commençons par l'impératif. Un impératif est une question ou une phrase qui exige une réponse. Il peut s'agir d'une réponse verbale ou d'une action. Les réponses impératives sont correctes ou incorrectes. Soit vous répondez correctement à la question, soit vous n'y répondez pas, soit vous effectuez correctement l'action indiquée, soit vous ne l'effectuez pas. C'est noir ou blanc. Voici quelques exemples:

Mettez-vous en rang.
Dis bonjour à grand-mère.
Regarde-moi.
Qu'est-ce que j'ai dit?
Quelle est la couleur de ta chemise?

Tous ces impératifs imposent des actions « correctes ». On se met en rang ou on ne se met pas en rang. On dit bonjour à grand-mère ou on ne le fait pas, etc. Dans le monde des difficultés d'apprentissage

Manuel du langage déclaratif

social, les gens pensent souvent (et malheureusement) d'abord en termes de comportement. Lorsqu'un enfant ne fait pas l'action correcte en quelques secondes, on parle de «non-conformité». Quel mot négatif!

Mais voilà... les exigences peuvent déclencher, ou activer, la réaction de lutte / de fuite / de figer. Réelle ou pas, la demande peut être interprétée par le cerveau comme une menace. Dans ce cas, le tronc cérébral se met en état de défense ou d'attaque. Pour les enfants vivant avec des difficultés d'apprentissage social, ceci peut ressembler à :

Mettez-vous en rang. → Réactions de lutte : crier, lancer, donner des coups de pied, frapper, jurer, argumenter, protester, répliquer, faire des commentaires sarcastiques. Les réactions de lutte peuvent être fortes ou faibles.

Dis bonjour à grand-mère. → Réactions de fuite : se cacher sous la table, s'enfuir, changer de sujet, dire «non» ou «je ne veux pas». Les réactions de fuite peuvent également être de nature importante ou subtile.

Regarde-moi. → Réponses de figement : ne pas répondre du tout, fermer les yeux, baisser la tête, sembler «ignorer» l'autre personne. Les réponses de figement peuvent être mal interprétées comme un manque d'intérêt, la personne s'en fiche.

Les réponses de figement peuvent être mal interprétées comme un manque d'intérêt, la personne s'en fiche.

Rappelez-vous ceci : on peut percevoir les enfants ayant l'un des comportements énumérés ci-dessus comme un mauvais comportement délibéré, mais il s'agit souvent d'une réaction de lutte, de fuite ou de figement face à une menace perçue, qui est, en ce moment

Chapitre 2 : Ce qu'il faut savoir pour commencer tout de suite

ce qui a été demandé. Le langage impératif impose une contrainte aux enfants.

Si nous parvenions à modifier notre langage afin d'enseigner sans activer la réaction de lutte, de fuite et d'immobilisation, cela ne semblerait-il pas intelligent ? Imaginez enseigner aux enfants ce que nous souhaitons qu'ils apprennent, d'une manière qui les encourage à rester positivement connectés et investis pendant qu'ils apprennent. Diminuez la menace perçue, augmentez l'affection et la connexion, et tout le monde se sent mieux.

Nous pouvons le faire grâce au langage déclaratif.

Le langage déclaratif est un commentaire ou une déclaration. C'est aussi simple que cela. Il s'agit normalement d'un énoncé qui observe. Par exemple, on peut observer des événements dans l'environnement, y compris des personnes, des actions et des changements. On peut également raconter un événement interne, tel que des pensées, des sentiments, des prédictions, des opinions, des observations ou un dialogue de résolution de problème. Cela peut être aussi simple ou aussi complexe que vous le souhaitez. Lorsque vous utilisez le langage déclaratif avec des enfants avec des difficultés d'apprentissage, il est très important de se rappeler ceci : adaptez la complexité de votre langage au niveau linguistique de l'apprenant. Autrement dit, parlez à un niveau qu'ils seront le plus en mesure de comprendre.

Le langage déclaratif offre naturellement des occasions d'apprentissage social à propos de la vue d'ensemble, de la lecture de la communication non verbale, de la résolution de problèmes, de la prise de recul et de la responsabilisation de l'apprenant.

Voici comment transformer les impératifs ci-dessus en énoncés déclaratifs.

Manuel du langage déclaratif

Mettez-vous en rang, pourrait devenir je *vois que c'est l'heure du déjeuner*, ou *les enfants se préparent à rentrer à l'école*.
Ces énoncés déclaratifs invitent l'enfant à lever les yeux et à observer son environnement. Ensuite, lorsqu'il voit les indices contextuels que vous voyez (par exemple, une file d'attente qui se forme près de la porte), il peut déterminer lui-même ce qu'il doit faire : se mettre dans la file d'attente. Lorsque nous leur disons simplement « Mettez-vous en rang », nous les privons de la possibilité d'avoir une vue d'ensemble et de déterminer par eux-mêmes ce qu'ils doivent faire.

Dis bonjour à grand-mère. Grand-mère est arrivée et la saluer est une chose agréable à faire, n'est-ce pas ? Mais que se passerait-il si nous disions : *« Oh, regarde ! Grand-mère est arrivée ! »* sans plus de précisions. Cela signale à l'enfant qu'il y a eu un changement dans son environnement, tout en lui laissant la liberté de décider comment répondre à ce changement. Peut-être dira-t-il bonjour, mais il pourra aussi courir pour la serrer dans ses bras, lui faire un signe de la main depuis son coin de jeu ou dire *« Hé, grand-maman ! »*. Ce sont toutes des options acceptables. La déclaration a créé un espace pour que l'enfant réagisse à l'arrivée de grand-mère à sa manière. Et comme cette réaction sera spontanée et viendra du cœur, je suis sûre que grand-mère l'appréciera.

Quelle est la couleur de ta chemise ? Nous posons cette question pour savoir si l'enfant connaît ses couleurs, ou peut-être pour initier une conversation. De toute façon, il y a de meilleures façons de parvenir à ce qui est important. Et si vous disiez quelque chose comme : *« Hé ! Nous avons une chemise de la même couleur. J'aime aussi le rouge. »* À ce moment-là, vous donnez à l'enfant une raison authentique de vous observer, vous et votre chemise, et d'apprendre à vous connaître. (Vous aimez la couleur rouge.) Ces petits moments nous aident à

Chapitre 2 : Ce qu'il faut savoir pour commencer tout de suite

nous rapprocher les uns des autres et, avec le temps, à tisser des liens affectifs. Nous pouvons utiliser ces moments de manière attentive pour montrer à l'enfant les points communs et les différences qui existent entre nous, et lui témoigner qu'il nous tient à cœur. Par ailleurs, si vous posez des questions pour enseigner les couleurs à l'enfant, sachez que le questionnement et l'enseignement sont deux choses différentes. Lorsque nous les interrogeons, les enfants ressentent la pression. Ils peuvent également mémoriser la réponse et la répéter sans nécessairement comprendre le concept que vous enseignez. En revanche, lorsque vous formulez des commentaires sur le sujet (par exemple, la couleur de nos chemises), vous enseignez la couleur dans un contexte significatif et social. Cela permet également de généraliser immédiatement le concept - par exemple, nous portons tous deux des chemises rouges, même si les « rouges » sont légèrement différents. Ce mode d'apprentissage naturel est préférable pour tous impliqués.

Les deux exemples suivants vont directement au cœur de quelques-uns des bienfaits les plus importants du langage déclaratif. Les enfants peuvent se sentir inadéquats lorsqu'on leur demande quelque chose. Alors que le langage déclaratif leur permet de se sentir compétents, de mieux comprendre le monde, de prendre conscience d'eux-mêmes et de leur autonomie.

Les enfants peuvent se sentir inadéquats lorsqu'on leur demande quelque chose. Alors que le langage déclaratif leur permet de se sentir compétents, de mieux comprendre le monde, de prendre conscience d'eux-mêmes et de leur autonomie.

Regarde-moi. Lorsque nous disons ceci, nous exigeons de l'attention. Nous disons très directement à l'enfant de nous regarder. Mais

Manuel du langage déclaratif

pourquoi ? Nous ne le disons pas. De plus, nous ne tenons pas compte du fait que pour certains enfants rencontrant des difficultés d'apprentissage social, il est parfois très difficile de regarder et d'écouter en même temps. Et si nous utilisions plutôt une déclaration pour donner des informations sur le contexte social et pour enseigner l'importance de l'observation, comme : « Je *crains que tu ne manques quelque chose d'important si tu ne regardes pas* ». *À ce moment-là, vous n'exigez pas un contact visuel. Au contraire, vous l'invitez à observer parce que c'est important. Vous lui communiquez que son apprentissage vous tient à cœur.*

Lorsqu'une telle phrase est suivie d'une pause silencieuse, l'enfant regarde souvent de lui-même. Vous pouvez alors lui indiquer ce que vous souhaitez qu'il regarde. Il sera prêt à l'assimiler parce que vous lui avez laissé le temps de se préparer à de nouvelles informations. En revanche, si nous l'obligeons à regarder avant qu'il ne soit prêt, cela peut entraîner un sentiment de stress. Or, le stress nuit à l'apprentissage.

Qu'est-ce que j'ai dit? D'accord, j'admets que je suis coupable de poser cette question à mes propres enfants lorsque j'ai l'impression qu'ils ne m'écoutent pas. Mais c'est une question que je m'efforce de traiter différemment. Les enfants avec des difficultés linguistiques, qui ont parfois des problèmes de mémoire auditive, de compréhension ou de concentration, ont parfois du mal à répondre à cette question, ce qui leur fait honte. Par exemple, si nous demandons *« Qu'est-ce que j'ai dit ? »* et que l'enfant ne peut pas répondre, il se sent mal mais nous aussi.

Heureusement, il existe une meilleure façon ! Et si nous disions plutôt quelque chose comme : *Je me demande si tu as entendu ce que j'ai dit*, ou *je ne suis pas sûr que tu m'as entendu*, ou même *je veux*

Chapitre 2 : Ce qu'il faut savoir pour commencer tout de suite

m'assurer que nous sommes sur la même longueur d'onde. Cela m'aidera si je sais que tu m'as entendu. L'une ou l'autre de ces affirmations, associée à une pause délibérée et réfléchie, peut entraîner une réponse qui mène à l'autonomie. Par exemple, l'enfant qui a du mal à se souvenir du langage dira peut-être : « Je t'ai entendu, mais j'ai oublié ». Ou bien l'enfant qui a des difficultés de compréhension dira : « Je t'ai entendu, mais je n'ai pas compris », ou encore l'enfant distrait dira : « Je ne t'ai pas entendu à cause du ventilateur ». Chacune de ces réponses conduira à son tour à une réponse compatissante et utile de notre part. Ce faisant, nous comprenons un peu mieux le style d'apprentissage de l'enfant (ses forces et ses faiblesses). Cela crée une situation dans laquelle l'enfant se sent capable d'obtenir l'aide dont il a besoin, plutôt que d'avoir honte de sa vulnérabilité.

Le langage déclaratif crée une situation dans laquelle l'enfant se sent capable d'obtenir l'aide dont il a besoin, plutôt que d'avoir honte de sa vulnérabilité.

Si l'enfant n'a pas encore le langage ou la conscience de soi nécessaires pour se faire entendre, vous pouvez guider cet apprentissage en partant de vos propres expériences avec cet enfant : *Je pense que tu as peut-être eu du mal à m'entendre avec le ventilateur en marche,* ou *je pense que tu m'as entendu, mais que tu as peut-être oublié,* ou même *je pense qu'il y avait peut-être un nouveau mot là-dedans. Peut-être que tu n'as pas compris ce que j'ai dit.* Toutes ces réponses sont bien meilleures que le terrible silence qui règne lorsque l'on demande à un enfant « Qu'est-ce que j'ai dit ? » et qu'il ne peut pas répondre.

Voici la triste vérité. Les gens utilisent souvent un langage impératif avec les enfants qui rencontrent des difficultés d'apprentissage social ou d'autres difficultés d'apprentissage linguistique. Ils présument à tort qu'un enfant ne comprendra pas un énoncé déclaratif ou que

Manuel du langage déclaratif

l'enfant n'est pas en mesure d'en bénéficier. Ce n'est pas le cas. Ce qui est important, ce n'est pas le style de langage que vous utilisez (impératif ou déclaratif), mais plutôt sa complexité. Vous pouvez faire une déclaration simple qui est compréhensible lorsqu'elle est associée à d'autres échafaudages. (Nous y reviendrons au chapitre 11.) Les enfants dont le langage est moins développé pourraient avoir besoin d'un langage simplifié, et parfois d'impératifs clairs, mais ils n'ont pas besoin d'impératifs TOUT LE TEMPS. Si nous souhaitons que les enfants se sentent connectés et développent à la fois des liens sociaux et une attention conjointe, il est nécessaire de commencer par notre propre communication. Notre style d'expression doit favoriser ce type de communication. Le langage impératif ne favorise pas le lien social ni l'interaction sociale. Les énoncés déclaratifs, eux, le font.

Je voudrais terminer ce chapitre avec deux exemples personnels de situations où j'ai été émue par la puissance du langage déclaratif. Lorsque j'ai commencé ma formation de consultant RDI, je travaillais avec une petite fille de trois ans, Eliza. Vous entendrez parler d'elle tout au long de ce livre. Les interactions avec elle m'offraient l'occasion de faire mes premières tentatives d'utilisation du langage déclaratif. Je me souviens très bien du jour où j'ai travaillé avec Eliza sur un ensemble de déguisement de poupée en bois. Alors qu'elle plaçait un petit tissu autour du cou de la poupée, j'ai fait la déclaration suivante : « *Hmm... Je me demande ce que cela peut bien être* ». Dans ma tête, je pensais que cela ressemblait à une cravate et je m'attendais à ce qu'Eliza dise la même chose. Mais après une courte pause pendant laquelle Eliza a considéré ma déclaration, elle a répondu : « C'est une écharpe ! ». Elle avait raison, cela ressemblait aussi à une écharpe ! J'ai été époustouflée à ce moment-là, non pas par sa réponse, mais par ma découverte. Parce que j'avais ouvert l'espace pour permettre à Eliza de penser et de répondre à sa manière, son idée - qui était différente

Chapitre 2 : Ce qu'il faut savoir pour commencer tout de suite

de la mienne - s'est révélée. J'ai répondu avec un plaisir réel : « Oui, cela ressemble à une écharpe ! Je pensais que c'était une cravate ! » Grâce au langage déclaratif, nous avons tous les deux eu l'occasion d'apprendre ce qu'est la perspective (nous avons tous les deux vu le tissu différemment) et la pensée alternative (nous avons réalisé que le tissu pouvait être considéré de différentes manières). Ce moment est resté gravé dans ma mémoire parce qu'il m'a fait comprendre que le langage déclaratif allait m'apprendre beaucoup de choses.

Parce que j'avais ouvert l'espace pour permettre à Eliza de penser et de répondre à sa manière, son idée - qui était différente de la mienne - s'est révélée.

Le deuxième exemple s'est produit plusieurs années plus tard, lorsque j'ai commencé à travailler avec Christopher, 21 ans, et sa mère, Judy. Elle se sentait proche de son fils, mais sa communication était limitée. Ils avaient leurs habitudes et leurs points communs, et elle voulait l'aider à mieux s'exprimer, à la fois avec elle ainsi qu'avec les autres. Le père de Christopher était décédé quand il avait 9 ans. Christopher était un apprenant concret qui vivait dans un pensionnat depuis l'âge de 12 ans, car en tant que mère célibataire, Judy estimait qu'elle ne pouvait pas assurer sa sécurité lorsqu'il commençait à déverrouiller la porte d'entrée et à quitter la maison en pleine nuit. Christopher a continué à rentrer de l'école tous les week-ends et ils se téléphonaient pendant la semaine, mais Judy a expliqué qu'elle n'était pas en mesure d'entamer une conversation avec lui ou d'établir un lien social plus fort ni une communication plus profonde.

En raison du potentiel d'apprentissage perçu de Christopher, les gens utilisaient généralement un langage impératif avec lui. Ils lui posaient des questions, lui donnaient des instructions, etc. Lorsque nous avons commencé à travailler ensemble, la première chose que

Manuel du langage déclaratif

J'ai conseillé à Judy de pratiquer a été d'utiliser des énoncés déclaratifs. Judy a appris à remplacer les questions par des commentaires sur ce qu'ils faisaient ensemble. Judy et Christopher avaient l'habitude de fabriquer des « amis » ensemble. Il s'agissait de créations en feutre des personnages de dessins animés préférés de Christopher. Un jour, je les ai rejoints pour cette activité et Judy et moi avons utilisé des énoncés déclaratifs pour guider Christopher à savoir ce qu'il devait faire. Voici quelques exemples : *Mettons de la colle ici*, ou *Je me souviens que ta mère a estompé la colle pour l'étaler*, et *Retournons-le ensemble... Je prendrai ce côté*. Christopher est resté engagé tout au long de l'activité, posant des questions complémentaires telles que « Qu'est-ce que cela veut dire estompé ? », s'appropriant son rôle, orientant spontanément son corps vers l'activité et se penchant lorsqu'il avait un travail à faire. Cet homme de 21 ans, bien que silencieux, est resté engagé lorsque notre langage a évolué vers un style positif qui lui a fourni des informations, l'a guidé sur ce qu'il devait faire et ne lui a jamais demandé de faire ou de dire quelque chose. Des années plus tard, Christopher est devenu un homme très bavard qui partage souvent ses pensées. Vous entendrez d'autres histoires à son sujet plus loin dans ce livre. Aujourd'hui, Judy et moi nous rappelons l'époque où il ne pouvait pas s'exprimer autant qu'il le fait maintenant, et nous sommes émerveillées par le pouvoir du langage déclaratif.

Je tiens également à préciser que le langage déclaratif ne résout pas d'emblée les problèmes linguistiques et que les changements ne se produisent pas du jour au lendemain. Les changements dans la communication que je décris se produisent à un rythme différent pour chacun. Mais pour tous les apprenants, le langage déclaratif est utile d'une manière importante. L'utilisation systématique d'un langage déclaratif crée un paysage communicatif positif et accueillant pour les enfants avec des difficultés d'apprentissage social. Les enfants

Chapitre 2 : Ce qu'il faut savoir pour commencer tout de suite

ont ainsi la permission d'être eux-mêmes, de se sentir à l'aise et de relâcher leur vigilance. Au fil du temps, cette toile de fond conviviale aide les enfants à rester ouverts à l'apprentissage et en connexion avec nous, en particulier lorsque les choses deviennent plus difficiles. Ceci est le plus important et servira les enfants à long terme, à travers les hauts et les bas de l'apprentissage.

Dans le chapitre 8, nous reviendrons sur les rouages spécifiques des énoncés déclaratifs et sur les différentes manières de les élaborer. Mais tout d'abord, nous allons discuter des aspects de l'apprentissage social que le langage déclaratif aide à développer.

PARTIE 2 :
ALLER À L'ESSENTIEL – LES DOMAINES D'APPRENTISSAGE SOCIAL FAVORISÉS PAR LE LANGAGE DÉCLARATIF

CHAPITRE 3 :
Passer au-delà du contact visuel

Depuis aussi longtemps que je m'en rappelle, les gens disent aux enfants autistes de « me regarder » ou d'exiger un contact visuel. Cependant, lors de ma formation de consultante RDI, j'ai appris qu'il existait une tout autre façon de considérer le contact visuel, une façon qui me semblait bien plus agréable. Mais permettez-moi de revenir en arrière et de définir la notion de « contact visuel ». Lorsqu'il est exigé, le contact visuel est considéré comme une compétence apprise machinalement, en particulier. L'enfant regarde et c'est fini. Cependant, lorsque nous communiquons, il se passe beaucoup plus de choses lorsqu'une personne « regarde ». Un terme plus approprié pour décrire ce qui se passe réellement : la référence visuelle.

La référence visuelle correspond au processus d'utiliser notre sens de la vision pour obtenir des informations : nous nous référons à notre environnement pour en savoir plus. Il peut s'agir d'informations sur notre environnement immédiat ou sur les personnes qui nous entourent - nos partenaires de communication. Voici un exemple.

Manuel du langage déclaratif

Imaginez que vous marchez dans la rue tard dans la nuit. Vous êtes certain de vous référer visuellement à l'environnement pour vous assurer de votre sécurité ! Et si vous traversiez la rue ? Bien sûr, vous allez regarder à gauche, puis à droite, et peut-être en arrière, pour déterminer si vous pouvez traverser en toute sécurité. Vous observez le contexte, vous interprétez ce que vous voyez et vous agissez en fonction de ces informations. Autre exemple : imaginez que vous vous rendiez à une fête. En entrant, vous vous repérez visuellement dans l'espace pour comprendre la configuration des lieux (où est la nourriture ? où sont les boissons ? où sont les toilettes ?) et pour trouver quelqu'un qui vous ancrera (est-ce que je vois quelqu'un que je connais ? à qui puis-je parler ?).

Nous devons constamment nous référer visuellement, avec nos partenaires de communication. Par exemple, imaginez que vous racontez votre week-end à un ami. Vous vérifiez souvent visuellement s'il vous écoute, s'il comprend ce que vous dites et s'il est même intéressé ! Il vous communiquera toutes ces informations par le biais de ses expressions faciales et d'autres formes de communication non verbale. Mais vous devez regarder pour vous en rendre compte.

Voici ce qu'il faut retenir : le simple fait de regarder (ou « contact visuel ») est loin d'être suffisant pour comprendre la nature dynamique de la communication. Nous devons plutôt aider nos enfants rencontrant des difficultés d'apprentissage social à mieux se référer visuellement.

Voici ce qu'il faut retenir : le simple fait de regarder (ou « contact visuel ») est loin d'être suffisant pour comprendre la nature dynamique de la communication. Nous devons plutôt aider nos enfants rencontrant des difficultés d'apprentissage social à mieux se référer visuellement.

Chapitre 3 : Passer au-delà du contact visuel

Il y a quelques éléments à garder en tête concernant les références visuelles. Tout d'abord, ce n'est pas parce que les enfants lèvent les yeux qu'ils observeront ce qui est socialement significatif à ce moment-là. Donc, une fois que nous avons aidé les enfants à se sentir à l'aise à regarder, nous devons les guider sur *ce qu*'ils doivent observer. Deuxièmement, nous voulons encourager les enfants à se référer visuellement plus souvent. Un grand nombre d'enfants vivant avec des difficultés d'apprentissage social ont tendance à garder la tête baissée. Cela peut s'expliquer par le fait qu'ils travaillent fort sur l'écoute et qu'il peut être difficile de regarder et d'écouter en même temps. Mais, cela peut aussi découler du fait qu'ils sont habitués à ce qu'on leur dit quoi faire, ou à ce qu'on les incite à le faire. Si nous souhaitons guider les enfants vers leur indépendance, nous les aiderons à se sentir à l'aise à regarder plus souvent. Nous devons également les soutenir pour qu'ils comprennent que ceci est important. Enfin, une fois que les enfants savent ce qu'il faut observer et qu'ils regardent plus souvent, nous devrons probablement les aider à donner un sens à ce qu'ils voient. Les enfants rencontrant des difficultés d'apprentissage social ne savent pas forcément tout de suite comment décoder les informations non verbales ou contextuelles. Il nous revient de les aider à comprendre ce qu'ils voient.

La référence visuelle est une compétence dynamique, importante pour la réussite de la communication et l'indépendance. Il est indispensable que les personnes qui enseignent aux enfants en difficulté d'apprentissage social comprennent la différence entre le contact visuel et la référence visuelle, de manière que cette dernière compétence puisse se développer.

Maintenant que vous comprenez la différence, voici la bonne nouvelle ! Le langage déclaratif guide naturellement les enfants vers la référence visuelle. Il va au cœur de cette compétence en aidant les

Manuel du langage déclaratif

enfants à (1) savoir quoi observer (2) se sentir à l'aise d'observer plus souvent, et (3) tirer un sens de ce qu'ils voient. Le langage déclaratif permet aux individus de bénéficier d'un enseignement, d'une pratique et d'un soutien immédiats dans chacun de ces éléments.

Voici quelques exemples d'énoncés déclaratifs qui favorisent la référence visuelle, ainsi que leurs équivalents impératifs (que vous aviez l'habitude d'utiliser, mais que vous vous efforcez maintenant de changer, n'est-ce pas?)

Ton corps est sur les pièces! Il s'agit d'un exemple personnel avec mon fils Freddie, qui avait sept ans à l'époque. Je l'ai enregistré sur vidéo que je partage souvent, car on y voit la nature simple, mais dynamique de la référence visuelle. Je m'apprêtais à jouer à un jeu avec mes deux fils, mais Freddie était assis sur toutes les pièces. Il ne s'en rendait pas compte et ne percevait pas l'impact de son corps sur son entourage. Lorsque j'ai fait cette déclaration, il n'a pas répondu tout de suite. Mais après quelques secondes, il a dit « Hein ? » et a levé les yeux du jouet qu'il tenait. Il a regardé par terre autour de lui, s'est rendu compte qu'il était en fait assis sur le tout et a ensuite déplacé son corps vers l'arrière. Dans ce clip de 30 secondes, il fait visuellement référence à son environnement (il a une vue d'ensemble) et se déplace vers l'arrière (il résout le problème) d'une manière qui aide les autres (il prend du recul). En revanche, si j'avais simplement dit « recule Freddie », il aurait suivi la consigne, mais il est peu probable qu'il se soit référé visuellement au contexte de la même manière, et la résolution du problème aurait été la mienne, pas la sienne.

Tu piétines ta chemise. Voici un autre exemple personnel et un clip vidéo que je partage souvent pour la même raison. Que dire? Mes enfants développent leur conscience corporelle! Dans cet exemple, mon fils cadet, Desmond, était en train de ranger son linge... tout

Chapitre 3 : Passer au-delà du contact visuel

en dansant ! Il n'a pas remarqué qu'une chemise propre était tombée par terre et se retrouvait sous ses pieds. J'ai fait la déclaration ci-dessus et, après quelques secondes, il s'est arrêté, a dit « Hein ? » et a regardé par terre. Il a remarqué la chemise, l'a ramassée et a continué sa tâche. Un « Hein ? » est un bon indicateur que vous êtes sur la bonne voie : l'enfant vient de réaliser qu'il y a un problème à résoudre. Dans mon clip vidéo, on peut voir Desmond se référer visuellement à son environnement (voir la situation dans son ensemble), faire une pause dans sa danse (autorégulation), puis faire un choix judicieux en ramassant la chemise (résolution du problème). Encore une fois, si j'avais simplement utilisé un impératif : « Ôte-toi de cette chemise », tous ces magnifiques moments nuancés d'apprentissage social auraient été perdus.

Si j'avais simplement utilisé un impératif : « Ôte-toi de cette chemise », tous ces magnifiques moments nuancés d'apprentissage social auraient été perdus.

Dernier exemple pour l'instant.

Je me demande ce que font les autres enfants. Imaginez que vous encouragez un enfant rencontrant des difficultés d'apprentissage social à jouer avec d'autres enfants sur le terrain de jeu. Mais cet enfant n'est pas sûr de savoir comment se joindre aux autres ou semble préférer rester dans son coin. Si vous pouvez aider cet enfant à se sentir à l'aise tout simplement en observant les autres enfants sans le pousser à se joindre à eux, c'est une façon rassurante d'entamer le processus d'intégration. Voici ce que vous pouvez faire : tenez-vous à côté de l'enfant et déclarez : « je me demande ce que font les autres enfants. » L'enfant ne se sentira pas obligé de faire quoi que ce soit de spécifique qui pourrait l'inquiéter ou l'angoisser, et il aura l'espace nécessaire pour balayer l'aire de jeu du regard avec vous.

Manuel du langage déclaratif

Vous pouvez le guider davantage si nécessaire. Dès que vous voyez l'enfant lever les yeux, guidez son observation vers le bon endroit avec une autre déclaration : « *Je les vois juste à côté du bac à sable* ». Vous pouvez alors profiter de l'occasion pour aider l'enfant à comprendre ce qu'il voit. *On dirait qu'ils jouent dans le bac à sable. Je les vois remplir un camion-benne de sable et le verser dans un seau.* Vous guidez l'enfant pour qu'il se repère visuellement, vous l'aidez à savoir où regarder, puis vous l'aider à comprendre ou à tirer un sens de ce qu'il voit, le tout à partir d'énoncés déclaratifs.

Vous pouvez même aller plus loin et lancer une simple invitation du type : « *Je me demande si tu aimerais te joindre à eux...* » Aucune pression, juste une simple invitation, que l'enfant peut accepter, mais si ce n'est pas le cas, ce n'est pas grave non plus. L'enfant pourra se joindre à eux la prochaine fois parce qu'il aura compris ce qu'il voit et qu'il se sentira plus à l'aise pour s'approcher.

Ce moment d'enseignement important serait perdu si vous utilisiez un impératif, *Va jouer avec les autres enfants*, ou si vous demandiez : *Que font les autres enfants ?* L'impératif impose une exigence à l'enfant, ce qui peut être source de stress, et la question semble lourde à nos enfants en difficulté d'apprentissage social qui se sentiront peut-être incapables d'y répondre. L'un ou l'autre peut déclencher une réaction de lutte, de fuite ou d'immobilisation. En revanche, les énoncés déclaratifs guideront l'enfant de manière réfléchie, éveilleront sa curiosité et son intérêt pour ses pairs, et lui donneront l'occasion d'envisager une nouvelle possibilité de jeu.

En abordant d'autres aspects de l'apprentissage social, rappelez-vous de passer au-delà du contact visuel. Utilisez un langage déclaratif pour favoriser les références visuelles. Et surtout, veillez à faire une pause après chaque déclaration pour laisser à l'enfant le temps d'assimiler ce que vous avez dit et de vivre son propre moment de

Chapitre 3 : Passer au-delà du contact visuel

découverte - «*ah!*» (Ou, dans le cas de mes enfants, «*Hein?*».) Vous serez fier de constater que l'enfant commence à lever les yeux spontanément, à observer et à comprendre les choses par lui-même.

CHAPITRE 4:
Utiliser la mémoire épisodique pour résoudre des problèmes

Dans ce chapitre, je vous parle de la mémoire épisodique. Il existe plusieurs types de mémoire, mais je souhaite vous expliquer ce qu'est la mémoire épisodique, car elle est essentielle pour la compétence sociale. La mémoire épisodique est celle qui nous permet de nous rappeler des souvenirs ou des expériences du passé qui sont pertinents ici et maintenant. Chaque fois que nous nous trouvons dans une nouvelle situation, notre cerveau consulte automatiquement son Rolodex interne de fichiers pour trouver une correspondance. Bien que ce processus soit largement inconscient, nous pensons souvent: «Où est-ce que j'étais dans le passé qui me rappelle cet endroit?» Ou encore: «Quand me suis-je trouvé dans une telle situation auparavant et qu'ai-je fait alors?» Notre esprit est constamment à la recherche de correspondances et de schémas afin de savoir ce qu'il faut faire dans l'instant. Si vous vous considérez comme socialement compétent, il y a de bonnes chances que votre mémoire épisodique soit forte. Chaque fois que vous arrivez dans un contexte ou une situation nouvelle, vous ne paniquez pas parce que vous savez ce qu'il faut faire en fonction de vos expériences antérieures.

Manuel du langage déclaratif

La mémoire épisodique est celle qui nous permet de nous rappeler des souvenirs ou des expériences du passé qui sont pertinents ici et maintenant.

Pensez maintenant au revers de la médaille. Si votre mémoire épisodique est faible, chaque situation, interaction et environnement nouveau vous semblera tout à fait inconnu. Vous ne seriez pas capables de vous rappeler et d'utiliser les connaissances acquises lors d'expériences antérieures semblables. Par conséquent, vous vous sentirez coincé face à un problème, une situation ou un partenaire de communication nouveau ou même légèrement différent. Vous pourriez même avoir peur, selon le dynamisme du contexte.

Voici deux exemples.

Lorsque j'étais à l'université, j'ai fait le tour de l'Europe avec mon amie Maria. Nous sommes allées à Prague, qui était alors située en Tchécoslovaquie. Je me souviens très bien d'être entrée dans une épicerie. Tant de choses étaient différentes. La langue était différente, la nourriture était différente et les allées étaient plus étroites que celles auxquelles j'étais habituée dans les grandes épiceries américaines. Si je m'étais concentrée sur les différences, je suis sûre que je me serais sentie perdue, voire effrayée. Cependant, comme j'ai une mémoire épisodique qui fonctionne, mon cerveau m'a naturellement guidé vers les similitudes. Oui, il y avait de nombreuses différences, mais dans l'ensemble, ce que je vivais correspondait à un modèle dans mon cerveau appelé «épicerie». Il y avait toujours des allées, de la nourriture sur des étagères, des paniers à transporter et un caissier que nous payions lorsque nous avions terminé. Tant de choses étaient différentes, mais Maria et moi savions quoi faire parce que nous savions comment fonctionnaient les épiceries. Nous étions (la plupart du

Chapitre 4: Utiliser la mémoire épisodique pour résoudre des problèmes

temps!) socialement compétentes dans cet environnement qui nous était étranger. C'est vraiment étonnant à considérer!

Voici un autre exemple. Récemment, nous avons fait un voyage en famille à Legoland en Floride. En raison d'une tempête de neige à la maison, notre vol a été annulé et la compagnie aérienne n'a pas pu nous faire rentrer chez nous pendant trois jours. Il y a, bien sûr, des choses bien pires que de rester en Floride en plein hiver! Mais d'un point de vue pratique, il fallait trouver quoi faire et où loger. Nous avions passé trois nuits à Legoland, et y rester plus longtemps (même si nous l'avons adoré) serait financièrement prohibitif. Alors que je parcourais ma propre mémoire épisodique à la recherche d'une bonne solution à ce problème, je me suis souvenu que mon oncle vivait en Floride, à seulement deux heures de Legoland. Nous l'avons appelé, il avait une chambre supplémentaire, et nous décidions de rester avec lui et ma tante pendant quelques jours. Nous avons trouvé une solution raisonnable sans trop d'inquiétude, car ma mémoire épisodique fonctionne bien. Cependant, si ma mémoire épisodique était moins performante, nous risquions de payer beaucoup plus d'argent que ce que nous avions prévu pour notre voyage. Heureusement que mon oncle était là et que j'avais la capacité de faire la correspondance entre les situations actuelles et les souvenirs pertinents.

La mémoire épisodique concerne également les expériences à venir. Lorsque quelque chose d'important se produit, si vous avez une bonne mémoire épisodique, vous enregistrez ces souvenirs pour les récupérer plus tard. Il se peut que vous vous disiez: «C'est important! Je ferais mieux de m'en souvenir». Si vous avez déjà fait une grosse erreur, vous en avez probablement tiré les leçons immédiatement parce que vous ne vouliez pas commettre la même erreur deux fois. Par exemple, vous est-il déjà arrivé de commencer un nouveau

Manuel du langage déclaratif

boulot et de sous-estimer votre temps de trajet ? Si vous n'aimez pas être en retard, il y a de fortes chances que vous vous souveniez de partir plus tôt le lendemain, parce que votre mémoire épisodique future s'est mise en marche et vous a dit de planifier différemment. Oui, la mémoire épisodique vous aidera même à préserver votre nouvel emploi. La mémoire épisodique est essentielle à la compétence sociale. Nous en avons besoin pour nous sentir équipés lorsque nous sommes confrontés à un problème. Nous en avons besoin pour gérer une nouvelle situation. Et nous en avons besoin pour devenir autonomes dans la vie.

La mémoire épisodique est essentielle à la compétence sociale. Nous en avons besoin pour nous sentir équipés lorsque nous sommes confrontés à un problème. Nous en avons besoin pour gérer une nouvelle situation. Et nous en avons besoin pour devenir autonomes dans la vie.

Voici quelques exemples de situations dans lesquelles nous pouvons aider les enfants avec des difficultés d'apprentissage social à renforcer leur mémoire épisodique dans l'instant présent.

Je me souviens que la dernière fois que tu as oublié tes devoirs à l'école, nous avons envoyé un courriel à ton professeur. Dans cette situation, vous aidez l'élève à se rappeler qu'il a déjà rencontré ce problème dans le passé et qu'il a trouvé une solution qui a fonctionné. Votre langage le guide pour qu'il retrouve la mémoire au moment où il en a besoin. Au fur et à mesure que les enfants acquièrent de l'expérience avec ce type d'opportunité, vous pouvez envisager d'atténuer votre langage en disant quelque chose comme *Je me souviens que cela s'est déjà produit auparavant et que nous avons trouvé un bon plan. Je me demande si tu te souviens aussi... ?* Si l'enfant ne se souvient pas,

Chapitre 4 : Utiliser la mémoire épisodique pour résoudre des problèmes

ce n'est pas grave. Ajoutez des informations supplémentaires pour l'aider à se souvenir, dans l'intention de consolider ces souvenirs pour la prochaine fois : *je me souviens que nous avons envoyé un courriel à ton professeur. Essayons encore une fois.*

L'impératif serait : « *Que vas-tu faire à propos de tes devoirs ?* » Cela met la pression sur l'enfant pour qu'il trouve une réponse ou une solution qui n'est peut-être pas à sa portée, et cela peut créer une perception de menace et activer la réaction de lutte/fuite/immobilisation. Ce n'est pas ce que nous souhaitons ! Rappelez-vous d'inviter et de guider l'enfant à se souvenir d'une situation similaire, de manière positive et encourageante.

Ceci me rappelle un jeu que vous connaissez déjà. Pour cet exemple, imaginons que l'enfant ne veut pas jouer à un nouveau jeu. Il est figé et ne s'ouvre pas à la nouveauté de la situation. Ce qu'il ne perçoit pas, c'est que, bien que le jeu *soit* différent, de nombreux jeux ont des schémas similaires. C'est le motif prévisible des jeux qui rend les nouveaux jeux relativement faciles à apprendre. Sur le moment, l'enfant avec des difficultés d'apprentissage social peut se concentrer sur les différences, mais en le guidant par des déclarations, vous pouvez au contraire mettre l'accent sur les similitudes. Cela peut aider l'enfant à se mettre plus à l'aise en essayant quelque chose de nouveau.

Pour illustrer cette idée, pensez à Candyland et à serpents et échelles. Ce sont des jeux différents, mais pensez à toutes les similitudes qu'ils présentent. Une pièce se déplace le long d'un chemin vers une destination. Combien de jeux se ressemblent ? Beaucoup ! Souligner ces similarités peut aider l'enfant à se sentir moins anxieux et plus prêt à participer. En comparaison, une approche impérative pourrait être : « *Jouez à ce jeu* », ou même une incitation à chacune des étapes du jeu : *Posez votre pion ici, Faites tourner la roue, Déplacez votre pion, Prenez une carte,* etc. Si nous demandons

Manuel du langage déclaratif

à l'enfant de suivre chaque étape du jeu, sans lui donner l'occasion de voir qu'il connaît probablement déjà le schéma, nous le privons d'une occasion d'accéder à sa mémoire épisodique et de l'utiliser.

Voici un dernier exemple.

Avez-vous déjà observé des enfants se disputer pour savoir qui sera le premier ? Je m'en doutais. Au lieu d'essayer d'arrêter la chicane, utilisez un langage déclaratif pour encourager les enfants à se remémorer des souvenirs communs de leur jeu. Par exemple, vous pouvez dire : « *Je me souviens que Johnny est passé en premier lors du dernier jeu, alors je pense qu'il serait plus juste de laisser David passer en premier cette fois-ci…* » Vous pouvez également planter des graines pour une récupération future : « *Souvenons-nous ensemble que lorsque nous commencerons un autre jeu, ce sera à nouveau au tour de Johnny de passer en premier* ».

À l'inverse, le langage impératif dans cette situation pourrait se concentrer sur le comportement difficile (se disputer) et essayer de le faire cesser (Arrête de te disputer, Ne te dispute pas, etc.). Le langage impératif n'aiderait pas l'enfant à voir le schéma plus large à l'œuvre au fil du temps : nous faisons tous de notre mieux pour être justes et prendre notre tour au fur et à mesure que nous avançons. La connaissance de ce schéma social l'aidera dans ses futures interactions avec les pairs et dans ses jeux.

Le langage impératif n'aiderait pas l'enfant à voir le schéma plus large à l'œuvre au fil du temps : nous faisons tous de notre mieux pour être justes et prendre notre tour au fur et à mesure que nous avançons. La connaissance de ce schéma social l'aidera dans ses futures interactions avec les pairs et dans ses jeux.

Chapitre 4: Utiliser la mémoire épisodique pour résoudre des problèmes

Rappelez-vous que vous pouvez améliorer les compétences sociales en aidant les enfants à accéder à leur mémoire épisodique et à l'utiliser dans le moment présent. Aidez-les à se rappeler ce qui est pertinent, tout en les aidant à enregistrer des souvenirs importants pour l'avenir. La prochaine fois que vous vous sentirez obligé de résoudre un problème pour un enfant ou de lui dire ce qu'il doit faire, arrêtez-vous. Utilisez plutôt un langage qui l'invite à se remémorer une situation similaire, mais différente de son passé. À partir de là, guidez-le vers la solution.

CHAPITRE 5:
Apprécier les opinions différentes

Pour les enfants présentant des difficultés d'apprentissage social, adopter le point de vue des autres est une difficulté courante. Lorsque vous vous appliquez à améliorer les capacités de prise de perspective d'un individu, vous pourriez éprouver le besoin de lui faire voir les choses à votre façon. Mais revenons à la réaction de lutte/fuite/immobilisation qui se manifeste face à une menace perçue. Si nous insistons trop, en forçant les enfants à accepter ou à voir des choses qu'ils ne sont peut-être pas capables de voir naturellement, nous risquons d'activer la réaction de lutte/fuite/immobilisation. Les enfants peuvent alors se mettre sur la défensive et, au lieu d'être ouverts à notre point de vue, ils se retranchent encore davantage. Il en résulte des conflits et des échanges négatifs lorsque les points de vue divergent. Ce n'est pas ce que nous souhaitons. Heureusement, il existe une meilleure solution!

Nous ne cherchons pas à imposer notre point de vue aux enfants. Plutôt, nous souhaitons créer un environnement où les enfants peuvent baisser leur garde et se sentir en sécurité, curieux des pensées, des opinions et des sentiments des autres. Nous devons créer une toile de fond positive pour que les enfants ne se sentent pas menacés par des pensées, des opinions ou des sentiments différents. Nous voulons qu'ils découvrent, à leur rythme, que les opinions et les points de

Manuel du langage déclaratif

vue ne sont ni vrais ni faux. Ils sont simplement différents. Nous tenons à ce que les enfants comprennent que je peux penser d'une certaine manière et toi d'une autre, et que cela ne signifie pas que nous sommes ennemis. Nous pouvons partager un espace et être à l'écoute de ce que l'autre a dit, le respecter et permettre que ceci nourrisse notre relation. La découverte de nos liens mutuels favorise le confort. Mais lorsque nous découvrons des différences intéressantes, ceci contribue à notre croissance. Nous développons des amitiés et des relations enrichissantes parce que deux personnes ne sont jamais tout à fait pareilles.

Nous devons créer une toile de fond positive pour que les enfants ne se sentent pas menacés par des pensées, des opinions ou des sentiments différents. Nous voulons qu'ils découvrent, à leur rythme, que les opinions et les points de vue ne sont ni vrais ni faux. Ils sont simplement différents.

Alors, comment pouvons-nous amener les enfants qui sont naturellement sur la défensive dans ce contexte de divergences d'opinions, à s'ouvrir ? La réponse est de donner l'exemple de l'ouverture véritable. Démontrez que vous pouvez partager l'espace et accompagner l'enfant malgré les hauts et les bas des différentes opinions, sans le juger. Donnez aux enfants de nombreuses occasions d'entendre votre langage lorsque vous observez des opinions différentes et, par conséquent, de nombreuses occasions de se sentir en sécurité dans cet espace. Donnez aux enfants l'occasion d'être en désaccord avec vous tout en constatant que tout va bien. Montrez-leur que vous ne réagirez pas de manière trop émotionnelle lorsqu'ils pensent différemment. Montrez-leur que vous en prenez note et que vous l'acceptez.

Chapitre 5 : Apprécier les opinions différentes

Voici quelques exemples d'énoncés pour aider les enfants à mettre ces idées en pratique.

Nous pensons différemment ! Imaginez que vous discutiez avec votre enfant d'un livre ou d'une émission de télévision. Vous l'adorez peut-être, mais votre enfant n'est pas enthousiaste. Ou bien il s'agit d'une émission que l'enfant adore, mais qui ne vous plaît pas du tout ! Constatez ceci à voix haute par une simple déclaration qui témoigne de l'intérêt et du respect, sans tentative de faire changer l'avis de quiconque. En disant «*Nous pensons différemment*», vous démontrez que c'est normal de penser différemment. Vous illustrez comment rester connecté malgré l'existence de cette différence intéressante. Vous montrez à l'enfant que cette différence est acceptable. En même temps, vous permettez à l'enfant de mieux vous connaître. C'est un excellent moyen d'établir des relations à plus long terme.

Ouah ! Tu es un grand fan de Lego. C'est là qu'on diffère ! Encore une fois, vous montrez qu'il est normal d'aimer des choses différentes ou d'avoir des centres d'intérêt variés. Ce n'est pas parce que tu aimes la Guerre des étoiles et moi non que nous ne pouvons pas avoir de relation. En utilisant ce type de commentaires, vous aidez également les enfants à prendre conscience d'eux-mêmes. Trop souvent, les enfants rencontrant des difficultés d'apprentissage social ne comprennent pas très bien ce qu'ils aiment, ce qu'ils n'aiment pas ou ce qui les rend uniques. Peut-être comprennent-ils quelque chose de sous-jacent, ou bien leurs préférences et leur niveau de confort sont dévoilés par les réponses de lutte/de fuite/d'immobilisation. Mais ne serait-il pas préférable qu'ils utilisent le langage pour exprimer en toute confiance qui ils sont ? En formulant des énoncés déclaratifs qui décrivent nos souvenirs à leur sujet, nous les aidons à apprendre le langage qu'ils utiliseront plus tard eux-mêmes.

Manuel du langage déclaratif

Je me demande si ton copain aime les bretzels autant que toi. Ce type de déclaration invite à s'intéresser à l'opinion d'une autre personne d'une manière confortable et non menaçante. Cette déclaration n'oblige pas l'enfant à demander à son ami s'il aime les bretzels, pas plus qu'elle n'exprime un jugement sur les préférences en matière de bretzels. Il s'agit plutôt d'une déclaration qui va semer dans l'esprit de l'enfant des graines de curiosité à l'égard d'une autre personne. C'est ce que nous souhaitons.

Souvent, ce type de déclaration incite l'enfant à dire : « Je ne sais pas », ce qui peut l'amener à demander spontanément à son copain : « Tu aimes les bretzels ? ». Oui, l'énoncé déclaratif guide l'enfant vers un échange qui lui permettra d'en savoir plus sur ce que l'autre personne pense. C'est génial ! C'est ce qui les mènera plus loin dans la vie - une curiosité véritable pour ce que les autres pensent. C'est ce qui favorisera la croissance de l'enfant et lui permettra de sortir de sa zone de confort. Ceci permet d'établir des liens avec les autres et de tisser des liens.

Voici deux activités qui peuvent développer cette idée de partage d'opinion : les huiles essentielles et les extraits musicaux. Dans ces activités, vous commencez par préparer plusieurs échantillons, puis vous présentez chacun d'eux (une huile ou un extrait musical) l'un après l'autre. Invitez ensuite les participants à donner leur opinion. Ensemble, interrogez-vous sur ce que chacun pourrait penser de cette odeur ou de ce son. Utilisez un langage attentif pour que les enfants comprennent qu'il est intéressant d'entendre les opinions ou les sentiments des autres, et qu'il est merveilleux que parfois ces opinions soient différentes.

Puisque chaque élément est moins connu, il se peut que les enfants n'aient pas encore d'opinions personnelles pleinement développées ce qui pourrait entraîner des sentiments défensifs et des réactions

Chapitre 5 : Apprécier les opinions différentes

émotionnelles fortes. Il s'agit plutôt d'une activité ouverte et conviviale qui permet aux enfants de partager ce qu'ils pensent d'une odeur ou d'un son unique qu'ils découvrent pour la première fois. Tout en ralentissant le rythme et en progressant dans cette activité, laissez de la place pour que chaque opinion soit entendue et acceptée, tout en célébrant les similitudes et les différences.

J'ai également trouvé utile de structurer cette activité avec une «grille d'opinion». Tout ce dont vous aurez besoin est une feuille de papier et un crayon. Dessinez un tableau avec des colonnes pour le nom de chaque personne et des lignes pour chaque huile ou extrait de chanson. Prenez votre temps et notez la réaction de chaque personne, en vous arrêtant pour constater si vous avez les mêmes opinions ou des opinions différentes à propos de chaque élément.

Voici un exemple tiré d'un groupe de filles que j'anime. Les filles du groupe cultivaient gentiment leur amitié lorsque nous avons réalisé qu'Elizabeth se sentait blessée chaque fois que sa camarade, Heidi, avait une opinion différente sur le choix d'un jeu ou d'une activité à faire. Nous avons proposé cette activité pour aider les filles à comprendre que leur amitié pouvait gérer des opinions différentes et, en fin de compte, en ressortir plus forte. Cela a fonctionné! Cependant, à mesure que les filles grandissent, nous devons revenir sur ce sujet de temps en temps.

Manuel du langage déclaratif

LA GRILLE D'OPINION

Notez les réactions ou les opinions de chacun sur les odeurs senties!

Nom → Odeur ↓	Linda	Heidi	Elizabeth	Charlotte
L'orange douce	J'ADORE!!	Mmmm... Sympa!	Je ne suis pas sûre...	Miam!
Lavande	Beurk. Pas pour moi!	C'est bon.	Beurk! (Dégueulasse!)	Je l'aime bien!
Romarin				

Télécharger une copie de la grille d'opinion sur :
www.declarativelanguage.com

Montrez-leur progressivement que nous avons tous des similitudes qui nous unissent et des différences qui contribuent à l'épanouissement de notre relation.

Rappel: lorsque votre enfant communique son opinion d'une manière ou d'une autre - que ce soit verbalement ou par le langage corporel - profitez de ce moment pour lui montrer que vous pouvez rester connectés même si vous pensez différemment. Nommez son sentiment ou son opinion à ce moment-là: *Ouah! Tu es vraiment un fan de XYZ!* Ensuite, faites une déclaration qui précise votre opinion et indique si elle est semblable ou différente: *Je ne ressens pas du tout la même chose que toi à ce sujet - c'est très intéressant!* Montrez-leur

Chapitre 5 : Apprécier les opinions différentes

progressivement que nous avons tous des similitudes qui nous unissent et des différences qui contribuent à l'épanouissement de notre relation.

CHAPITRE 6:
Se tromper, c'est bien

Il s'agit d'un élément très important chez les enfants avec des difficultés d'apprentissage social. Beaucoup d'enfants que je connais sont sévères avec eux-mêmes lorsqu'il s'agit de se tromper. Ils craignent d'avoir tort et se sentent mal lorsqu'ils réalisent qu'ils ont commis une erreur quelconque. Ce malaise face à l'erreur peut être paralysant. Par exemple, éviter d'essayer de nouvelles choses ou de sortir de la zone de confort, car la peur de se retrouver dans une situation où l'on n'est pas sûr de ce qu'il faut faire, et donc de se tromper, les empêche d'évoluer. En conséquence, les possibilités de croissance et d'apprentissage sont considérablement limitées.

Pour certains enfants, une réaction de lutte/fuite/immobilisation peut être déclenchée lorsqu'ils réalisent qu'ils ont tort d'une manière ou d'une autre. Ils risquent de se livrer à une explosion émotionnelle de laquelle ils mettent un certain temps à se rétablir. Ils peuvent prétendre qu'ils n'ont pas tort, se refermer et se replier sur eux-mêmes, en éprouvant un sentiment exacerbé de tristesse à leur propre égard.

Comment pouvons-nous aider les enfants à accepter de se tromper ? Cette acceptation est essentielle pour l'apprentissage, la croissance et le sentiment d'être à l'aise avec soi-même.

Manuel du langage déclaratif

Tout d'abord, si nous voulons aider les enfants à mieux gérer leurs propres erreurs - en les acceptant, en y réagissant et en les gérant - nous devons, en tant que leurs éducateurs, tolérer qu'ils fassent des erreurs. Il nous incombe de permettre aux enfants de se tromper dans un contexte sécurisant, afin qu'ils puissent acquérir les compétences et la confiance nécessaires pour réparer leurs erreurs. L'apprentissage sans erreur, qui consiste à demander à l'enfant de donner la bonne réponse en quelques secondes, contrevient à cet objectif. L'apprentissage sans erreur renforce l'idée qu'il n'est pas acceptable de se tromper. Pouvez-vous imaginer à quel point ce serait stressant si, chaque fois que vous faites une erreur, quelqu'un venait vous corriger en quelques secondes ? C'est décourageant. Nous devons donner aux enfants le temps et l'espace nécessaires pour se tromper, afin qu'ils se sentent à l'aise avec les erreurs et, en fin de compte, qu'ils se sentent compétents pour les corriger.

Voici quelques exemples de mes perfectionnistes préférés.

Il nous incombe de permettre aux enfants de se tromper dans un contexte sécurisant, afin qu'ils puissent acquérir les compétences et la confiance nécessaires pour réparer leurs erreurs.

Voici quelques exemples de mes perfectionnistes préférés.

Tout d'abord, mon fils Desmond ! Un jour, il est rentré de sa première journée en première année du primaire, bouleversé par un papier qui se trouvait dans son classeur. Il y avait le mot « génial » écrit dix fois de sa main. Lorsque je l'ai interrogé à ce sujet, il m'a répondu catégoriquement qu'il ne voulait PAS en parler. Je lui ai gentiment relancé et il a finalement expliqué qu'il avait épelé le mot *« génial »* J-É-N-I-A-L. Son enseignant lui a alors montré l'orthographe exacte de ce mot sur le « mur des mots » de la classe et, comme il s'agissait d'un mot couramment mal orthographié, elle lui a demandé de

Chapitre 6 : Se tromper, c'est bien

l'écrire dix fois pour qu'il s'en souvienne. Eh bien, ses défenses se sont mises en place rapidement ! Il a argumenté que son orthographe était plus logique - en fournissant des preuves solides telles que « gagner » et « jeu ». Je suis d'accord avec lui ! Mais je lui ai expliqué qu'il s'agissait d'une question d'orthographe et que ce n'était pas pour rien que le mot « génial » figurait sur le mur des mots. C'est un mot difficile et la plupart des enfants se trompent en l'épelant. Il a fini par se sentir mieux, mais cette erreur l'a profondément affecté.

Je pense à un autre enfant que je connais bien, Jacques. Je me souviens avoir observé Jacques et son père, Gary, confectionner des cartes de Saint-Valentin pour ses camarades en troisième année d'école primaire. Alors que Jacques épelait soigneusement chaque nom, son père s'asseyait à côté de lui avec gentillesse et soutien, le laissant former les lettres avec soin et, bien sûr, commettre des erreurs. Alors qu'il épelait un nom, « Madison », Gary a remarqué qu'il l'avait épelé avec un « e » au lieu d'un « i ». Une fois que Jacques avait terminé, il s'est tourné vers son père pour vérifier, et Gary lui a gentiment dit : « Je crois que Madison a un "e" à la place d'un "i" ». Le visage de Jacques a immédiatement démontré de la surprise et de la peur. On voyait ses pensées défiler : qu'allait-il faire de cette erreur sur la carte du Valentin ? Heureusement, Gary avait pratiqué le langage déclaratif ! Il a utilisé un énoncé déclaratif pour signaler à Jacques qu'il utilisait un crayon et qu'il pouvait effacer son erreur et la réparer. Le visage de Jacques s'est détendu et le soulagement l'envahit.

Les déclarations et le moment de les prononcer sont importants lorsqu'il s'agit de réparer des erreurs. Si Gary était intervenu dès qu'il avait remarqué l'erreur de Jacques, le déroulement du travail de Jacques aurait été interrompu. Jacques aurait été repris en plein milieu de sa tâche, ce qui aurait probablement diminué sa confiance pour continuer. Cependant, Gary a attendu que Jacques ait terminé le nom et a attendu le moment où Jacques s'est naturellement manifesté

Manuel du langage déclaratif

pour obtenir des conseils. Gary savait que Jacques serait prêt à ce moment-là à gérer la nouvelle information (il y avait une correction à faire) et que, par la suite, il serait également prêt à s'attaquer à la résolution du problème avec une énergie renouvelée.

À ce moment-là, Gary a fait quelque chose de plus important que d'enseigner à Jacques l'orthographe de Madison. Il a montré à Jacques qu'il était parfaitement normal de se tromper, car il savait que Jacques possédait les outils nécessaires pour corriger l'erreur. Cette leçon de vie peut être appliquée dans de nombreux contextes et renforcera la confiance de Jacques à l'avenir. C'est ce qui était le plus important.

Depuis ce jour, Jacques est sorti de sa zone de confort à plusieurs reprises. Je suis persuadée que la façon dont ses parents l'ont guidé, en lui permettant de commettre des erreurs, a contribué à cette évolution. Par exemple, Jacques s'est présenté au conseil des élèves au collège et il a été élu! Avant le jour du vote, il a dû se présenter devant ses camarades de classe et faire un discours. Cette capacité illustre son évolution personnelle en tant qu'individu qui ne laisse pas la peur de l'erreur contrôler ses choix.

Ce sont les compétences que nous désirons développer. Il ne s'agit pas d'insouciance, mais nous souhaitons que nos enfants rencontrant des difficultés d'apprentissage social sortent courageusement de leur zone de confort. Nous voulons qu'ils se sentent à l'aise d'essayer de nouvelles choses et qu'ils recherchent spontanément de nouveaux défis et des opportunités de croissance. Cela implique qu'ils sont prêts à gérer l'apprentissage sous toutes ses formes, ce qui inclut les erreurs. Plus les enfants font l'expérience de l'erreur et sentent que leur propre capacité à gérer ces erreurs s'améliore, plus leur résilience s'accroît. Vous verrez ce changement se produire lorsqu'ils seront moins perturbés, plus ouverts et qu'ils se remettront plus rapidement d'une erreur.

Chapitre 6 : Se tromper, c'est bien

Lions maintenant cet enseignement au langage déclaratif. Commencez à observer les petites erreurs que vous commettez au quotidien. Démystifiez les erreurs en les mentionnant en présence de votre enfant, tout en parlant de ce que vous avez ressenti à ce moment-là, de la façon dont vous avez géré la situation et de la façon dont vous l'avez corrigée.

Voici quelques exemples de la vie de tous les jours.
Vous avez pris la mauvaise direction en conduisant. Dites-le à voix haute pour que votre enfant entende ce qui s'est passé : *oups! J'ai pris un mauvais virage. Je dois faire demi-tour. Ce n'est pas grave, nous arriverons quand même à notre destination.*

Ou dans la cuisine :
Oh là là! Je viens de renverser le lait. Ce n'est pas grave. Je vais chercher un essuie-tout.
Oh, je suis désolé! Je croyais que tu avais dit que tu voulais des bleuets sur tes céréales. C'est ma faute!

L'observation de sa propre erreur, puis la manière dont on l'assume, sont très puissantes. J'essaie de dire souvent : « c'est de ma faute » lorsque je suis en présence d'enfants, y compris les miens. Je veux qu'ils voient et entendent que personne n'est parfait et que nous apprenons tous à gérer nos propres erreurs.

L'observation de sa propre erreur, puis la manière dont on l'assume, sont très puissantes.

Je l'ai déjà mentionné dans l'exemple de Jacques, mais c'est suffisamment important pour qu'on le mentionne à nouveau. Lorsque vous aidez les enfants à reconnaître et à gérer leurs propres erreurs, il

Manuel du langage déclaratif

est essentiel de ralentir le rythme. Vous devez permettre à l'enfant de réaliser l'erreur par lui-même. La découverte est une partie essentielle du processus. Il est beaucoup plus facile de corriger une erreur et de se sentir à l'aise lorsqu'on la découvre soi-même. De plus, la présence d'une personne connue et de confiance est rassurante, car elle peut aider en cas de besoin.

Ainsi, lorsque vous voyez votre enfant se tromper, attendez tranquillement. Laissez-le découvrir l'erreur en premier, puis indiquez que vous êtes là pour l'aider si nécessaire. Si votre enfant ne remarque pas l'erreur, guidez son observation par une déclaration. Voici quelques exemples :

Je pense que ce mot contient un « e ».
Il serait bon de revérifier le 2e numéro.
Oh ! Je vois qu'une partie de l'eau s'est renversée.
Hmmm... Regardons à nouveau où tu as placé ce Lego.

Lorsque vous voyez votre enfant se tromper, attendez tranquillement. Laissez-le découvrir l'erreur en premier, puis indiquez que vous êtes là pour l'aider si nécessaire.

Ensuite, n'intervenez pas pour corriger l'erreur. Utilisez simplement un énoncé déclaratif pour guider la découverte de l'erreur et attendez. Une fois que l'enfant l'a remarquée, donnez-lui l'espace nécessaire pour qu'il la corrige lui-même. Laissez-le réfléchir quelques instants. C'est là que se développent les compétences actives en matière de résolution de problèmes.

Autres exemples : Laissez-le observer l'eau renversée, puis prenez une pause. Je parie qu'ils trouveront une idée pour nettoyer eux-mêmes.

Chapitre 6 : Se tromper, c'est bien

Ou si vous les guidez pour qu'ils revoient le problème de mathématiques n°2, il y a de bonnes chances qu'ils trouvent leur erreur et qu'ils la corrigent eux-mêmes.

Toutefois, si le problème est plus complexe que la boîte à outils actuelle de l'enfant et que vous attendez, il est probable qu'il se référera visuellement à vous pour obtenir des conseils, parce que vous avez tranquillement attendu qu'il vous invite. Vous avez contribué à préserver son autonomie et, maintenant qu'il est prêt à recevoir de l'aide, vous pouvez élargir sa boîte à outils en fonction de cette opportunité.

Dans les groupes à notre clinique, nous soulignons souvent l'idée que «se tromper, c'est bien». En fait, certaines semaines de vacances, nous consacrons un camp spécialisé de deux jours à cette idée unique. Nous utilisons des énoncés déclaratifs pour montrer aux enfants comment certaines erreurs se sont transformées en découvertes importantes (croustilles, biscuits aux pépites de chocolat, etc.), que les erreurs peuvent être drôles («Est-ce que je t'ai raconté la fois où ma sœur a porté deux chaussures différentes à l'école?»), que nous pouvons parfois créer quelque chose de nouveau à partir d'erreurs, et que les erreurs, bien que parfois gênantes, nous permettent inévitablement d'apprendre et de grandir. Il existe également de nombreux livres sur ce thème, qui sont amusants et intéressants à lire avec les enfants. *Amelia Bedelia* par Peggy Parish, *Beautiful Oops* par Barney Saltzberg, *Don't be Afraid to Drop!* par Juia Cook, *Mistakes that Worked* par Charlotte Foltz Jones, *Your Fantastic, Elastic Brain: Stretch It, Shape It* de JoAnn Deak et *The Most Magnificent Thing* d'Ashley Spires sont quelques titres que je lis souvent.

Manuel du langage déclaratif

En terminant ce chapitre, retenez ces déclarations qui responsabilisent les enfants face à l'erreur :

Je suis sûr que tu peux gérer cette erreur !
Cette erreur m'a fait rire.
Voyons comment nous pouvons régler ce problème. Je parie que nous pouvons le faire ensemble.
Je me souviens déjà d'avoir commis cette erreur. Je peux t'aider au besoin.
Je suis sûr que tu vas y arriver. Je suis là si tu as besoin de moi.

La prochaine fois que vous observerez votre enfant se tromper ou être sur le point de faire une erreur, ne vous précipitez pas pour le corriger. S'il ne s'agit pas d'un problème de sécurité, laissez-lui le temps de commettre l'erreur pour qu'il apprenne à la corriger. Cela l'aidera à se sentir à l'aise avec les sentiments associés à l'erreur. Si nous corrigeons trop rapidement ou si nous ne laissons jamais les enfants commettre des erreurs, comment espérons-nous qu'ils sauront gérer les erreurs dans le monde réel ? Utilisez vos déclarations dans l'instant pour soutenir émotionnellement vos enfants, être patient et les guider lorsqu'ils apprennent à gérer leurs erreurs.

CHAPITRE 7 :
Penser en termes d'alternatives et de possibilités

Le prochain aspect important pour aider les enfants rencontrant des difficultés d'apprentissage social est lié à la résolution de problèmes - penser en termes d'alternatives et de possibilités. Un grand nombre de penseurs concrets ou qui pensent en noir et blanc se contentent de résoudre les problèmes d'une seule et unique manière. Comme vous pouvez l'imaginer, cela peut devenir stressant lorsque leur façon habituelle de faire les choses n'est pas possible ou ne fonctionne pas. Ils deviennent alors inquiets et insistent sur leur façon habituelle de faire les choses. Cette inquiétude peut se manifester par un comportement difficile - dispute, immobilité, crise de colère, etc. Confronté à cette situation, le premier réflexe d'un enseignant ou d'un soignant pourrait être d'imposer un changement de comportement. Modifier le comportement, c'est bien, mais pour avoir un impact plus important à long terme, nous devons aborder le problème à la hauteur de la réflexion. Si nous parvenons à aider les enfants à réfléchir de manière plus souple cela se traduira par des réponses plus souples. Nous souhaitons que les enfants rencontrant des difficultés d'apprentissage social envisagent de manière positive les possibilités de toute situation, plutôt que de rester pris au piège parce qu'ils ont l'impression d'être arrivés à une impasse.

Manuel du langage déclaratif

Voici un exemple pour illustrer la pensée en matière d'alternatives ou de possibilités.

Imaginez que vous sortez de la maison pour aller travailler le matin et que vous constatez que votre pneu est crevé. Tout d'abord, vous ne paniquez pas parce que vous avez une bonne mémoire épisodique et que vous êtes capable de penser à plusieurs solutions sur-le-champ. Vous réfléchissez: devrais-je appeler l'association automobile? Devrais-je marcher? Est-ce que je prends un taxi? Un bus? J'appelle un ami? Vous réfléchissez à toutes les solutions possibles que vous avez expérimentées vous-même ou qui sont connues en cas de crevaison. Après avoir analysé les solutions possibles, vous choisissez la meilleure option. Voilà ce qu'est la pensée alternative: réfléchir à de nombreuses idées possibles et décider laquelle est la plus appropriée en ce moment. C'est ce que nous souhaitons développer chez nos enfants.

Il faut reconnaître que pour améliorer cette compétence auprès des enfants, il est préférable de ne pas la cibler dans les moments de stress. Au contraire, il est nettement plus efficace de modéliser les possibilités de fonctionnement de ce type de pensée lorsque les enjeux sont moindres. Votre premier objectif est simplement d'encourager les enfants à s'ouvrir à plusieurs idées plutôt qu'à une seule. Ils n'ont pas besoin de prendre une décision pour l'instant. Ils ont seulement besoin d'écouter ce que vous pensez.

Voici quelques exemples de langage déclaratif permettant d'amorcer cette réflexion.

Vous vous dirigez vers le terrain de jeu et vous réfléchissez à haute voix en utilisant cette déclaration: *peut-être aujourd'hui nous pourrions emprunter un chemin différent de celui que nous avons l'habitude de suivre...*

Chapitre 7 : Penser en termes d'alternatives et de possibilités

Ou bien vous vous rendez à l'école en voiture et vous constatez : « *Oh ! Des travaux sur la route. On dirait qu'il faut faire un détour* ».

À l'école, imaginez des enfants réalisant un projet sur l'océan. Ils doivent utiliser une grande feuille de papier bleu. Mais vous vous apercevez d'un problème et vous le signalez à l'aide d'un énoncé déclaratif : *oups ! Il ne reste qu'une feuille de papier bleu. Et si les enfants utilisaient du papier blanc avec de la peinture bleue, ou du papier vert au lieu du bleu ?*

Une fois que vous avez commencé à donner l'exemple d'une façon alternative de penser, impliquez les enfants dans un remue-méninges si possible. Ceci nécessite de ralentir le rythme pour susciter des idées. Lors d'un remue-méninge, j'aime dire aux enfants : « Toute idée est suffisamment bonne pour être notée ». Je dis cela parce que certains enfants hésitent à noter une idée s'ils pensent qu'elle n'est pas parfaite. Ils redoutent qu'elle ne soit pas suffisamment bonne et ne veulent pas s'engager alors qu'ils sont encore à la recherche d'une meilleure idée. Mais voici l'essentiel : le fait d'écrire toutes les idées, même celles qui peuvent être considérées comme médiocres, motive l'élan créateur de tout le monde. Si vous remarquez que les enfants hésitent à noter toutes leurs idées, assurez-vous d'ajouter cette déclaration : *vous n'êtes pas obligés d'utiliser ce que vous avez écrit, sauf si vous le souhaitez*. Dites-leur que le remue-méninge lui-même nourrit d'autres idées. Aidez-les à se sentir suffisamment courageux pour se lancer dans un remue-méninges et à éprouver la joie qui suit lorsque les idées fusent.

Lors d'un remue-méninge, j'aime dire aux enfants : « Toute idée est suffisamment bonne pour être notée ». Aidez-les à se sentir suffisamment courageux pour se lancer dans un remue-méninge et à éprouver la joie qui suit lorsque les idées fusent.

Manuel du langage déclaratif

Lors d'un remue-méninge, il est également important que les soignants et les enseignants utilisent des énoncés déclaratifs qui communiquent une ouverture à toutes les idées proposées. Même si elles semblent insolites au début. Par exemple, vous pouvez toujours dire : *ouah! Quelle idée intéressante!* Accueillir et respecter les idées pour que les enfants se sentent suffisamment en sécurité pour continuer à avancer.

Lors d'un remue-méninge, il est toujours aussi important pour les soignants et les enseignants de faire des énoncés déclaratifs qui communiquent une ouverture à toutes les idées proposées. Même si elles semblent insolites au début.

Vous vous rappelez l'exemple d'Eliza et de ses poupées en bois? J'ai commencé le processus de réflexion par un commentaire : je me demande ce que cela pourrait être... pendant que nous explorions un morceau de tissu autour du cou de la poupée. Je pensais à une cravate. Mais j'ai gardé le silence après ma déclaration et j'en étais ravie. Eliza avait une idée fantastique, différente de la mienne. À ce moment-là, j'ai vu le pouvoir du langage déclaratif parce qu'il sollicite les idées de tout le monde et que nous bénéficions tous des alternatives auxquelles nous ne nous attendions pas.

Pour débuter à la maison, profitez de moments fortuits tout au long de la journée. Il y a certainement plusieurs moments durant lesquels vous avez l'habitude de foncer et de prendre des décisions sans un mot à votre enfant. Mais si vous ralentissez, prenez une pause et invitez des idées en utilisant un langage déclaratif, vous enseignez des leçons importantes d'apprentissage social d'une manière positive. Vous rendez un processus qui est habituellement insaisissable, transparent pour ceux qui voient les choses en noir et blanc.

Chapitre 7 : Penser en termes d'alternatives et de possibilités

Vous pouvez aussi démontrer que les idées alternatives peuvent être amusantes ! Par exemple, invitez tout le monde à s'asseoir à des places différentes à table parce que... pourquoi pas ? *Essayons tous une place différente ce soir !* Ou encore, si on mangeait le dessert avant le dîner : *Je me demande bien comment ça serait de prendre le dessert avant le dîner !* Et si vous mangiez des aliments du petit-déjeuner pour le dîner ? *J'ai une drôle d'idée pour le dîner de ce soir !* Il existe de nombreuses façons ludiques pour changer les choses afin d'illustrer les avantages d'adopter les possibilités. Si l'une de ces propositions provoque du stress chez votre enfant, ne la forcez pas. Simplement, présentez l'idée vous-même en disant quelque chose comme *Je sais que tu n'as pas envie de faire ça pour l'instant. Ce n'est pas grave ! Mais je vais l'essayer.*

Voici quelques commentaires déclaratifs supplémentaires qui permettent de penser en termes d'alternatives et de possibilités :
Hmmm.... Je me demande quelle garniture nous pourrions ajouter à nos crêpes ce matin !
Je remarque que nous n'avons plus d'agrafes. Je me demande comment nous pourrions les remplacer.
Oh non ! la porte est fermée à clé. Je me demande comment nous pourrions entrer si ta méthode habituelle ne fonctionne pas. Je me demande ce que nous pourrions faire à la place.

Rappelez-vous que plus il est facile de penser à de nouvelles ou différentes idées, plus la personne sera détendue parce que ses œufs ne sont pas tous dans le même panier. En pensant en termes de possibilités, il est toujours facile de trouver une solution lorsque les choses ne se déroulent pas comme prévu. Cependant, lorsqu'un enfant n'a qu'une seule idée ou qu'un seul plan, les réactions de lutte / fuite / immobilisation se déclenchent lorsque cette solution unique ne

Manuel du langage déclaratif

fonctionne pas ou n'est pas possible. Il se sent stressé, s'énerve et son cerveau de résolution de problèmes s'éteint. Utilisez des énoncés déclaratifs pour initier une réflexion alternative, pour favoriser le partage d'idées et pour accueillir les contributions.

PARTIE 3:
LA MÉCANIQUE

CHAPITRE 8:
Les rouages - construire des énoncés déclaratifs

Nous avons beaucoup parlé des avantages divers de l'apprentissage social dont on peut bénéficier lorsqu'on se sent à l'aise dans la pratique du langage déclaratif. Passons maintenant à la définition même du langage déclaratif et abordons les rouages de la composition de ce type d'énoncés pour que vous deveniez un pro!

Comme révision, le langage impératif exige des enfants qu'ils fassent ou disent quelque chose. À l'inverse, le langage déclaratif les *invite*. Le langage impératif se caractérise par des ordres et des questions impliquant une réponse juste ou fausse. Le langage déclaratif est une série d'affirmations ou de commentaires sans réponse correcte ou incorrecte.

Parfois, au début, les gens posent beaucoup de questions aux enfants, pensant qu'il s'agit d'un langage déclaratif. Ce n'est pas le cas. Rappelez-vous toujours que les questions ne sont pas du langage déclaratif. La question peut être porteuse d'une bonne idée, mais pour qu'elle soit déclarative, vous devez la transformer en commentaire. Les questions imposent des exigences de traitement et de formulation supplémentaires aux enfants, ce qui rend la réponse plus difficile.

Manuel du langage déclaratif

Les énoncés déclaratifs les guident en douceur. Prenez l'habitude de transformer les questions en commentaires.

Les questions ne sont pas du langage déclaratif. La question peut être porteuse d'une bonne idée, mais pour qu'elle soit déclarative, vous devez la transformer en commentaire.

Voici quelques exemples de questions que j'entends souvent :

Que devrais-tu faire ?
Que te manque-t-il ?
De quoi as-tu besoin ?

Ce sont d'excellentes idées de départ, car vous invitez l'enfant à observer quelque chose et à agir. Mais comme il s'agit de questions, il y a trop d'exigences. Transformons-les en commentaires :

Que devrais-tu faire ? → *Je me demande ce que tu devrais faire ou je pense que c'est le bon moment pour faire X.*
Que te manque-t-il ? → *J'observe qu'il te manque quelque chose ou je pense que tu as besoin de tes chaussures !*
De quoi as-tu besoin ? → *C'est l'heure des maths. Tu as besoin de plusieurs choses ! Ou C'est l'heure des maths. Tu as besoin de ton crayon et de ton livre.*

Ensuite, quelques conseils pour la composition d'énoncés déclaratifs. Le langage déclaratif possède une grande variété, alors ne vous sentez pas obligé d'utiliser toutes ces idées en même temps ! En fonction de ce que vous voulez dire, inspirez-vous de ces idées pour trouver la meilleure façon de l'exprimer. Faites des commentaires simples qui observent et incitent l'enfant à observer à son tour.

Chapitre 8: Les rouages - construire des énoncés déclaratifs

1. **Faites des commentaires simples qui observent et incitent l'enfant à observer à son tour.**
   Ces commentaires guideront l'enfant dans l'intégration des informations venant de son environnement. Exemples :
   - *Le chien a l'air d'avoir faim*! Vous invitez ici l'enfant à observer le chien, à constater que la gamelle est vide, à mettre ces éléments en relation et à se rendre compte qu'il doit nourrir le chien. L'enfant peut alors résoudre le problème de la manière de procéder. C'est très différent de l'impératif : « Nourris le chien » ou de la question qui impose des exigences : « De quoi le chien a-t-il besoin ? »
   - *Ces fleurs sont jolies.* Imaginez que vous vous promenez avec votre enfant. En commentant les observations que vous partagez pendant que vous marchez, vous l'aidez à se souvenir de quelque chose d'intéressant à propos de votre promenade et vous créez un souvenir commun dont vous pourrez parler plus tard. Vous donnez également l'exemple de la communication pour une attention conjointe, que les enfants avec des difficultés d'apprentissage social ne peuvent pas utiliser naturellement par eux-mêmes. C'est important parce que si nous voulons que les enfants partagent mieux leurs expériences (ce qui crée des liens sociaux), nous devons leur montrer comment le faire!

2. **Utiliser des verbes cognitifs, c'est-à-dire des verbes qui modélisent notre pensée.**
   Ces verbes favorisent le discours, la résolution de problèmes et l'établissement de liens sociaux à un niveau plus élevé. Avec ces verbes, vous aidez les enfants à aller au-delà du concret et vous leur montrez qu'il y a un processus de réflexion derrière tout ce que nous faisons. Les enfants ayant des difficultés avec

Manuel du langage déclaratif

la pensée flexible ou la prise de perspective ne le savent pas intuitivement. Notre modélisation réfléchie du langage à cet égard leur montrera comment procéder et leur permettra de mieux comprendre les actions et les intentions des autres. Nous leur montrerons comment les gens *réfléchissent* avant *d'agir*. Voici quelques exemples de verbes cognitifs :
- Réfléchir
- Se demander
- Se rappeler
- Oublier
- Savoir
- Imaginer
- Décider
- Souhaiter

Petite astuce : chaque fois que vous vous entendez poser une question, vous pouvez facilement la transformer en une déclaration en supprimant le mot interrogatif (par exemple, quoi, pourquoi, où, etc.) et en le remplaçant par « je me demande ».

Exemple : *Que dois-tu faire ?* peut devenir *Je me demande si tu sais quoi faire.*

Voici l'une de mes histoires préférées qui illustre comment ces verbes de réflexion, lorsqu'ils sont intégrés dans des énoncés déclaratifs, permettent d'atteindre un niveau de discours plus élevé. Michael, un garçon de 9 ans, détestait la pluie. Il aimait sortir pour la récréation et quand il pleuvait, il n'avait pas le droit de le faire. En effet, chaque fois qu'il pleuvait, il arrivait à l'école en disant : « Il ne pleut pas ! ». Ses professeurs essayaient de lui changer les idées, et comme il ne le faisait pas, ils en concluaient qu'il se montrait rigide.

Chapitre 8 : Les rouages - construire des énoncés déclaratifs

Un jour, je me suis rendu compte que Michael avait probablement du mal à exprimer ce qu'il voulait dire. Je savais qu'il comprenait qu'il pleuvait. Ce n'était pas le problème. J'ai donc dit : « Michael, je me demande si tu veux dire que tu *aimerais* qu'il ne pleuve pas ». Il a immédiatement répondu : « Oui, j'aimerais qu'il ne pleuve pas ». Ce simple ajout à sa déclaration nous a permis d'aller au-delà de l'interprétation erronée selon laquelle il était rigide, et de favoriser une plus grande connexion sociale et d'enseigner les nuances du langage. C'était l'occasion d'en savoir plus sur les pensées, les opinions et les sentiments de Michael, et de l'aider à élargir son vocabulaire afin qu'il puisse mieux les exprimer aux autres. C'était aussi une occasion de l'aider à résoudre un problème.

Une fois qu'il a précisé ce qu'il voulait dire, je lui ai dit : « Je sais, Michael. C'est difficile quand il pleut. La plupart des enfants n'aiment pas ça. La plupart des enfants se sentent comme ça parce qu'ils ne peuvent pas aller dehors et doivent trouver d'autres choses à faire pendant la récréation. » Immédiatement, notre conversation a porté sur l'expérience qu'il vivait et a validé ses sentiments. Nous sommes ensuite passés à la résolution de problèmes : « Michael, réfléchissons à ce que tu pourrais faire pendant la récréation lorsqu'il pleut. Ce ne sera pas pareil que d'aller dehors, mais ce sera peut-être assez bien tout de même. »

L'énoncé déclaratif a permis à Michael d'exprimer ses sentiments et l'a guidé vers la résolution du problème. Cette conversation a été plus riche, plus dynamique et plus significative que le débat précédent sur ce qui se passait avec le ciel.

Manuel du langage déclaratif

L'énoncé déclaratif a permis à Michael d'exprimer ses sentiments et l'a guidé vers la résolution du problème. Cette conversation a été plus riche, plus dynamique et plus significative.

3. **Utiliser des mots qui mettent l'accent sur l'incertitude et la possibilité.**
Vous vous rappelez dans le chapitre précédent que j'ai parlé d'aider les enfants à penser en termes d'alternative et de possibilité ? Ces mots permettent d'y parvenir. En commençant à utiliser ces types de mots naturellement dans la conversation, vous créerez des occasions pour l'enfant de se sentir à l'aise avec l'incertitude, les zones grises et l'idée de ne pas savoir quelque chose. Voici quelques-uns de ces types de mots et de phrases :
- Peut-être
- Il se peut
- Possiblement
- Éventuellement, probablement
- Parfois
- Je suis sûr/ne suis pas sûr
- Je ne sais pas

Exemples d'énoncés déclaratifs incluant ces mots :
Il se peut que nous allions au magasin plus tard.
Nous devrions peut-être vérifier la météo.
Il pourrait pleuvoir demain.
Il y a probablement une autre façon de procéder.
Il est parfois utile d'utiliser un crayon au lieu d'un stylo.
En formulant ces énoncés, ressentez que vous vous éloignez d'une idée spécifique et que vous vous orientez vers une possibilité.

Chapitre 8 : Les rouages - construire des énoncés déclaratifs

4. **Utilisez des mots qui traduisent votre propre incertitude et qui reconnaissent ce que vous ne savez pas.**
   Faire preuve de transparence dans vos réflexions sur votre propre incertitude soulagera les enfants qui ont peur de se tromper. Votre volonté de «ne pas savoir» quelque chose démontre aux enfants que c'est normal. Lorsque je ne sais pas quelque chose, je saisis l'occasion de le dire aux enfants : *c'est une excellente question. Je ne connais pas encore la réponse. Ou je ne suis pas sûr de cela. Quelle belle réflexion!* Je veux aussi que les enfants se sentent à l'aise dans cet espace. Au début, ils ne seront peut-être pas capables d'avouer qu'ils ne savent pas quelque chose, mais avec un accompagnement réfléchi, vous créerez un espace où ils pourront se sentir en sécurité s'ils ne savent pas quelque chose.

Votre volonté de «ne pas savoir» quelque chose démontre aux enfants que c'est normal.

---

5. **Utilisez des mots associés à vos sentiments ou à vos sensations, ainsi que des mots qui aident les enfants à observer leur environnement.**
   Nous observons avec nos yeux, mais aussi avec nos autres sens. Imaginez ce que vous guidez l'enfant à observer en utilisant ces énoncés déclaratifs :

J'observe que le ciel se couvre.
Je vois que le professeur est prêt à commencer.
Ta mère a l'air contrariée!
Je crois que ça sent la pizza!
Il y a une odeur qui se dégage de la cafétéria en ce moment.
Je me demande ce qu'il y a pour le déjeuner!

Manuel du langage déclaratif

J'ai entendu quelque chose.
J'ai entendu la sonnette.
Je l'entends rire. Je crois qu'il est content!
J'ai entendu ton ami dire quelque chose.

Ce dernier exemple est important, car il invite les enfants à se rendre compte d'une rupture de communication (leur ami a dit quelque chose et ils ne l'ont pas entendu) et leur laisse la possibilité de la réparer. La réparation d'une rupture de communication est une compétence essentielle en matière de communication. C'est la résolution de problèmes en action. En réponse à votre commentaire, l'enfant peut penser: «Oh! Il a dit quelque chose? Laisse-moi vérifier ce qu'il a dit», ce qui lui permet de s'approprier la situation. En revanche, un impératif tel que « *Qu'a dit ton ami?* » ou « *Demande à ton ami ce qu'il a dit* » ne donne pas à l'enfant la même possibilité d'observer ce qui s'est passé. Lorsque vous aidez les enfants à identifier les ruptures de communication en soulignant ce qu'ils ont manqué, sans résoudre le problème, vous les aidez à développer d'importantes compétences de communication. S'il a besoin d'aide ou de conseils supplémentaires, il est toujours bon de les fournir (voir à ce sujet les chapitres 10 et 11), mais dans un premier temps, commentez et attendez tranquillement que l'enfant s'en aperçoive, réfléchisse et agisse par lui-même.

Lorsque vous aidez les enfants à identifier les ruptures de communication en soulignant ce qu'ils ont manqué, sans résoudre le problème, vous les aidez à développer d'importantes compétences de communication.

Chapitre 8: Les rouages - construire des énoncés déclaratifs

6. **L'utilisation de pronoms à la première personne invite les enfants à s'engager et à se joindre à vous.**
Au lieu de dire aux enfants ce qu'ils doivent faire, privilégiez le partenariat en utilisant les pronoms de la première personne du pluriel, tels que «*nous*» et «*on*».

Exemples :

Préparons-nous à sortir.
On pourrait aller au cinéma.
Ce projet sera intéressant pour nous!

En commençant une phrase avec un pronom de la première personne du singulier, comme *je, mon, mes* et *moi*, vous pouvez modéliser une idée ou une opinion de manière réfléchie sans mettre de pression sur l'enfant. Vous considérez une idée et vous lui montrez ce qu'il faut faire, mais comme c'est vous qui le faites, vous créez un espace où l'enfant peut observer et décider par lui-même ce qu'il va faire. Exemples :

Je vais mettre mes chaussures maintenant.
Mon idée est de jouer au Scrabble.
J'ai hâte de voir grand-père.
Voici mon crayon. Je vais l'utiliser pour écrire mon nom.

Au fur et à mesure que vous vous familiarisez avec l'élaboration d'énoncés déclaratifs, gardez à l'esprit que la pratique est utile. Expérimentez les suggestions ci-dessus à votre propre rythme. Si vous vous sentez dépassé ou si vous avez l'impression qu'il y a beaucoup de choses à retenir, peut-être essayer chacune des idées séparément pendant une semaine. Vous pouvez également choisir une routine quotidienne avec votre enfant, par exemple l'heure du coucher, puis

Manuel du langage déclaratif

ralentir et vous concentrer sur votre langage sans inquiétude. Au fur et à mesure que vous développerez vos compétences et votre confiance dans ce nouveau style d'expression, vous commencerez à intégrer les idées avec fluidité. En pratiquant, cela deviendra automatique !

CHAPITRE 9:
L'impératif n'est-il jamais acceptable?

Nous avons tant parlé des avantages du langage déclaratif qu'il est parfois difficile de savoir où et quand commencer. Surtout si pour vous, il s'agit d'un grand changement! Apprendre à parler de façon déclarative est un processus, qui ne se fait pas du jour au lendemain, et peut nécessiter des efforts considérables de votre part. Mais c'est possible et cela vaut le coup. Plus vous le pratiquez, plus cela se fait facilement et automatiquement. Je vous le promets!

Au fur et à mesure qu'on se réjouit de ce changement, on me demande souvent s'il est acceptable d'utiliser un langage impératif, ou à quel moment on peut le faire. Je vais répondre à cette question, mais je voudrais d'abord partager ce que j'ai observé. C'est lorsqu'on est pressé que l'on se montre le plus impératif. Par exemple, préparer les enfants et partir le matin peut être un moment très impératif. Même chez moi. Nous ressentons la pression du temps et nous devons faire bouger les enfants! Les périodes d'activité intense ne nous permettent pas toujours de ralentir suffisamment pour que le langage déclaratif soit efficace.

Ainsi, lorsque vous ferez vos premiers pas vers le langage déclaratif, ne cherchez pas à le faire aux moments où vous vous sentirez stressé et pressé. Choisissez plutôt un moment durant la semaine ou la journée où vous pouvez lâcher prise, prendre une pause et vous

Manuel du langage déclaratif

permettre de faire des déclarations, sans pression. C'est votre temps de pratique. Vous le réservez, vous le planifiez et vous le faites. Vous n'avez même pas besoin de le dire à qui que ce soit. Pendant ces périodes de pratique, je parie que vous observerez des changements dans l'ensemble des schémas de communication entre vous et votre enfant. Vous pourrez respirer et percevoir leurs réactions uniques. Profitez-en !

Cela dit, voici trois circonstances dans lesquelles il est acceptable de recourir à un langage impératif.

En ce qui concerne la sécurité – Il ne faut pas que nos enfants se retrouvent dans des situations dangereuses. S'il y a un problème de sécurité et que le temps compte, il se peut que vous deviez utiliser un impératif pour faire passer le message rapidement à l'enfant. Par exemple, *Descends*, *Tiens ma main* ou *Ne cours pas* peuvent être des impératifs nécessaires à certains moments.

Lorsqu'on établit des limites – Contrairement à ce que l'on pourrait croire, il n'est pas nécessaire d'utiliser l'impératif pour établir des limites ou être ferme avec les enfants. Il existe des énoncés déclaratifs qui permettent également de le faire. Mais la différence entre l'impératif et le déclaratif lorsque vous définissez des limites ; le déclaratif fournit à l'enfant des informations sociales importantes et votre point de vue, ainsi que la limite que vous devez fixer. Les impératifs ne font qu'imposer à l'enfant quoi faire (ou ne pas faire). Sur le moment, c'est à vous de décider de la quantité d'informations que l'enfant peut raisonnablement entendre, assimiler et prendre en considération. Parfois, vous pouvez commencer par une déclaration, pour ensuite constater que l'enfant a besoin d'un langage plus direct à ce moment-là. Voici quelques exemples pour illustrer le contraste :

Chapitre 9: L'impératif n'est-il jamais acceptable?

- Déclaratif: *C'est important que tu tiennes ma main dans le stationnement.*
- Impératif: *Tiens ma main.*

- Déclaratif: *Je ne veux pas que tu coures maintenant parce que ce n'est pas prudent.*
- Impératif: *Ne cours pas.*

- Déclaratif: *Je me fâcherai si tu continues à faire cela.*
- Impératif: *S'il te plaît, arrête!*

Comme mentionné, vous pouvez rester ferme en utilisant un énoncé déclaratif. L'avantage de la déclaration est que vous donnez à l'enfant plus d'informations, ce qui l'aidera à comprendre le contexte. Souvent, lorsque nous donnons aux enfants ces informations supplémentaires, ils consentent parce qu'ils comprennent maintenant la raison de la limite.

L'avantage du langage déclaratif est que vous donnez à l'enfant plus d'informations, ce qui l'aidera à comprendre le contexte. Souvent, lorsque nous donnons aux enfants ces informations supplémentaires, ils consentent parce qu'ils comprennent maintenant la raison de la limite.

Pendant l'apprentissage - Vous pouvez évidemment utiliser l'impératif pendant que vous vous habituez à parler de manière déclarative! Ne soyez pas trop sévère avec vous-même. Le plus important dans ce processus est que vous commenciez à repenser votre style de parole et à comprendre la puissance de dire les choses d'une manière différente. Rappelez-vous également que vous avez le droit de commettre des erreurs.

Manuel du langage déclaratif

Au moment que vous vous entendez prononcer un impératif là où une déclaration aurait été possible, prenez le temps de reformuler ce que vous avez dit. Cette réparation sur le moment est très bénéfique à votre propre apprentissage. Par exemple, si vous vous entendez dire : « *Qu'est-ce que j'ai dit ?* », prenez le temps de faire une pause et de reformuler : « *Je suis désolé. Je voulais te dire : je me demande si tu as entendu ce que j'ai dit.* » Ou si vous vous retrouvez à demander : « *Éteins la télé* » ou « *Viens à table* », faites une pause et reformulez : « *J'aimerais beaucoup que tu éteignes la télé maintenant parce que c'est l'heure du dîner* ».

Commencez doucement et soyez attentifs. Voilà de quoi il s'agit. L'attention que vous portez à la parole se répercutera sur vos enfants et leur montrera le pouvoir de la communication et qu'ils peuvent eux aussi être attentifs. Évitez de commencer par des propos impératifs. Vous pouvez utiliser des impératifs si vous en avez besoin, mais commencez à observer toutes les fois où ce n'est pas nécessaire ! Si une déclaration ne semble pas fonctionner, vous pouvez essayer quelques astuces de dépannage, qui seront abordées au chapitre 11.

Mais surtout, lorsqu'on me pose des questions sur le langage impératif, voici ce que je réponds :

Plusieurs personnes s'adressent aux enfants vivant avec des difficultés d'apprentissage social en utilisant un langage impératif parce qu'à leur avis, ils en ont besoin. Ils en ont peut-être besoin de temps en temps, mais ce n'est probablement pas toujours le cas. En effet, le langage impératif n'est pas le style de parole qui leur enseignera ce dont ils ont le plus besoin.

Ces enfants ont besoin de la richesse du langage déclaratif et peuvent en bénéficier. Votre objectif n'est donc pas de choisir un style d'expression plutôt qu'un autre. Votre objectif est d'être attentionné et d'utiliser le langage impératif lorsque vous en avez besoin, mais de ne pas l'utiliser inutilement.

PARTIE 4:
RYTHME ET DÉPANNAGE

CHAPITRE 10:
L'importance du rythme

Le « rythme » est un partenaire essentiel du langage déclaratif. Il s'agit de ralentir la transmission d'informations suffisamment pour permettre à l'enfant d'assimiler ce que vous avez dit et d'y répondre. Initialement, cela signifie que vous fournissez une unité d'information et que vous attendez. Vous attendez pour observer les indices de l'enfant. Vous attendez qu'il signale qu'il a reçu le message. Ces indications peuvent être verbales ou non verbales.

Il s'agit de ralentir le « rythme » de la transmission d'informations suffisamment pour permettre à l'enfant d'assimiler ce que vous avez dit et d'y répondre.

Parmi les indices possibles, vous pourrez retrouver une référence visuelle, comme nous l'avons vu au chapitre 3. L'enfant peut se tourner vers vous s'il a besoin de conseils supplémentaires ou s'il n'est pas sûr de lui. Il peut également regarder autour de lui pour repérer ce que vous venez de lui décrire. Un autre indice est le fait qu'il agisse en fonction de ce que vous avez dit. Par exemple, si vous lui dites :

Manuel du langage déclaratif

« *Ta chemise est par terre* » et que l'enfant réagit en mettant la chemisee dans le panier à linge, cela signifie que votre message a été reçu !

Le plus important ici est de formuler votre pensée, votre idée, votre observation, votre souvenir, etc., et ensuite d'*attendre* que l'enfant montre qu'il a entendu et compris. Si vous vous précipitez pour donner plus d'informations ou si vous vous répétez prématurément, il y aura encore plus d'informations à traiter et à satisfaire, et vous aurez été contre-productif. Cela vaut la peine d'attendre !

Le moment où l'enfant fait une découverte ou vit une expérience « aha » est un autre excellent indicateur. Cela signifie qu'il a assimilé ce que vous avez dit et qu'il s'en est rendu compte. Ces découvertes sont valorisantes et font du bien à tout le monde. Exemple : *Tu as fait tomber quelque chose !* (Aha ! Le voilà) et l'enfant ramasse l'objet sur le sol. Ces moments sont amusants à observer.

Lorsque j'ai commencé à utiliser le langage déclaratif, je me suis aperçue qu'il était important d'attendre. Je m'obligeais à compter jusqu'à au moins 30 dans ma tête avant de dire quoi que ce soit de plus. J'étais étonnée d'observer le pouvoir de l'attente pour la première fois et je m'en souviens clairement. Je travaillais avec Eliza, trois ans. Elle était en train de colorier et j'avais envie de colorier moi aussi. Normalement, j'aurais dit : « *Peux-tu m'apporter un feutre ?* », mais au lieu de cela j'ai dit : « *J'aimerais bien colorier moi aussi* ». Puis j'ai attendu sans rien dire. J'ai compté dans ma tête avec l'intention de rester silencieuse jusqu'à ce que j'arrive à 30. Mais au bout de 10 secondes, Eliza s'est levée de sa place à côté de moi par terre et a dit : « *Je peux t'apporter un feutre.* » Elle a couru dans l'autre pièce, a pris un feutre et me l'a ramené pour que je l'utilise. Je n'en revenais pas ! Je ne savais pas qu'elle pouvait déduire des choses de cette manière ni qu'elle pouvait exécuter un plan de manière indépendante, surtout un plan basé sur quelque chose lié à mon point de vue et à mes

Chapitre 10: L'importance du rythme

souhaits. Et je ne l'aurais jamais su si j'avais continué à lui parler de manière impérative. Le rythme et le langage déclaratif sont des partenaires importants. Il faut l'essayer !

Voici une façon de concevoir le rythme et son importance. Lorsque nous prenons une pause, nous permettons à l'enfant d'intégrer tous les éléments d'information disponibles. Nous lui offrons l'espace nécessaire pour assimiler ce que nous avons dit, pour observer l'environnement, pour reconnaître nos sentiments ou les siens, pour se remémorer des souvenirs pertinents et, enfin, pour prendre une décision en s'appuyant sur l'ensemble de ces facteurs. Il s'agit d'un processus complexe, il n'est donc pas étonnant qu'il nécessite un certain temps.

Ne sous-estimez jamais le pouvoir de l'attente silencieuse. Rappelez-vous que le silence est votre allié. Vous n'avez pas besoin de remplir l'espace - même si cela vous semble gênant. Pour vous aider à vous sentir à l'aise dans le silence, rappelez-vous que vous donnez à l'enfant le temps de réfléchir. Mettez ensuite ce temps à profit et observez l'enfant. Attendez tranquillement et soyez attentif aux réactions de l'enfant. Vous a-t-il entendu ? A-t-il compris ce que vous avez dit ? Est-il confus ? C'est dans ces moments de silence que vous pouvez déterminer comment le message a été reçu et prendre votre propre décision quant aux prochaines étapes. Par exemple, ont-ils besoin de plus d'aide ou de conseils ? Devez-vous vous rapprocher et répéter ce que vous avez dit ? Ces quelques astuces seront développées dans le chapitre suivant. Si un dépannage est nécessaire, vous serez le mieux placé pour le faire lorsque vous aurez attendu tranquillement et observé. Recevoir silencieusement un retour d'information vous permettra de reconnaître la meilleure façon de faire avancer les choses.

Ne sous-estimez jamais le pouvoir de l'attente silencieuse.

Manuel du langage déclaratif

Comme je l'ai mentionné dans les chapitres précédents, commencez lentement à utiliser le langage déclaratif et choisissez des moments et des situations où vous réussirez. Maintenant que vous connaissez l'importance du rythme, commencez à pratiquer le rythme et le langage déclaratif. Choisissez un scénario dans lequel vous pouvez vous permettre de ralentir suffisamment pour compter jusqu'à 30 dans votre tête avant de dire la chose suivante. Cela exige de la volonté, c'est certain, et je voudrais que vous gagniez en confiance dans votre capacité à rester silencieux si nécessaire. Choisissez un moment où vous savez que vous ne vous sentirez pas stressé. Choisissez un moment où vous pouvez vous donner la permission de ralentir, de respirer et de dire une chose à la fois, tout en observant les indices de votre enfant. Voici quelques exemples illustrant l'équilibre entre les énoncés et les pauses.

Exemple 1 :
Je me demande ce que tu as comme devoir ce soir. Pause pour le temps de traitement. Au bout de 10 secondes, Matthew a son moment de réalisation « aha ». Il prend son sac à dos et l'ouvre pour consulter son agenda.
Je me demande ce que tu as comme devoir ce soir. Pause pour le temps de traitement. Après 10 secondes, Matthieu lève les yeux et vous dit : « *Je ne sais pas* ». Vous ajoutez alors un autre énoncé déclaratif parce qu'il vous a fourni un message et il est prêt à recevoir plus d'informations : *Il serait peut-être bon que tu prennes ton agenda et que nous le regardions ensemble.* Pause pour le temps de traitement. Matthieu a son moment « aha » et sort son agenda.
Je me demande ce que tu as comme devoir ce soir. Pause pour le temps de traitement. Vous avez compté jusqu'à 30 dans votre tête et Matthieu n'a pas bougé. Utilisez une astuce de dépannage du chapitre suivant.

Chapitre 10 : L'importance du rythme

Exemple 2 :
C'est l'heure de passer au travail dans la classe de maternelle, mais Clara est encore en train de jouer dans le coin maison. Vous lui dites : « *Je vois que tous les enfants sont à table, prêts à travailler.* » Clara arrête ce qu'elle est en train de faire, regarde vers sa table et voit ses camarades assis. Elle a son moment « aha » et se rend à la table elle aussi.
Je vois que tous les enfants sont à table, prêts à travailler. Prévoyez un temps de traitement. Clara se tourne vers vous et vous demande : « Est-ce que je peux encore jouer ? ». Vous répondez par d'autres commentaires déclaratifs qui valident ses sentiments, établissent un plan et fixent une limite : *je vois que tu aimes jouer avec ces jouets ! Je suis sûr que nous pourrons trouver du temps pour jouer plus tard, mais pour l'instant, j'ai besoin que tu viennes à table.*
Je vois que tous les enfants sont à table, prêts à travailler Permettre un temps de traitement. Vous avez compté jusqu'à 30 dans votre tête, mais Clara ne se retourne pas et continue à jouer. Utilisez une astuce de dépannage du chapitre suivant.

En résumé, voici les différentes façons dont un enfant fournit un retour d'information :
- Il se réfère à son environnement et passe à l'action.
- Il se réfère à vous et communique son incertitude et/ou indique (verbalement ou non) qu'il a besoin de conseils ou d'éclaircissements supplémentaires.
- Il ne réagit pas.

Rappelez-vous de rythmer les informations que vous partagez afin que l'enfant ait le temps d'entendre, d'assimiler, de réfléchir et de répondre. Le silence est un élément important et nécessaire de ce processus. Acceptez ceci et soyez à l'aise dans le rôle d'observateur. Commentez, attendez et observez, puis donnez plus d'informations

Manuel du langage déclaratif

si nécessaire. C'est une chorégraphie qui ne peut être préétablie. Laissez-vous guider par vos observations.

Rappelez-vous également de pratiquer aux moments où vous pouvez ralentir et perfectionner ces compétences importantes. Le processus d'apprentissage restera ouvert et positif lorsque vous accorderez aux enfants le temps de réfléchir. La plupart des enfants n'ont pas l'habitude de disposer de ce temps pour traiter l'information. Ils sont habitués à être bousculés ou à ce qu'on leur dise ce qu'ils doivent faire! Donc au début, ils auront peut-être besoin de plus de temps pour s'habituer à ce nouveau schéma. Au fur et à mesure qu'ils s'y habituent, et vous aussi, les choses accélèrent. Les compétences d'écoute, d'intégration des informations contextuelles et d'action deviennent plus confortables et automatiques. Faites votre possible pour ne pas en dire plus ou pour ne pas parler trop tôt. Ceci rendrait les choses plus difficiles, car l'enfant aurait à recommencer le traitement de l'information. Adoptez votre nouveau mantra : <u>parler, attendre tranquillement et ajouter des informations si nécessaire</u>. Vous pouvez y arriver!

Pratiquer aux moments où vous pouvez ralentir et perfectionner ces compétences importantes. Le processus d'apprentissage restera ouvert et positif lorsque vous accorderez aux enfants le temps de réfléchir.

CHAPITRE 11 :
Astuces de dépannage

Maintenant que vous êtes enthousiaste à l'idée de vous lancer dans le langage déclaratif (ou que vous avez déjà commencé !), il est fort probable que vous ayez rencontré quelques pépins. Par exemple, vous avez peut-être fait quelques commentaires et votre enfant n'a pas réagi. Peut-être vous pensez : « Hé, ça ne marche pas ! ». Mais patientez et rassurez-vous : il est normal et attendu que le langage déclaratif ne fonctionne pas sur-le-champ et/ou à tout coup. Il s'agit en effet d'un changement, et le changement a besoin de temps. Tout le monde doit s'habituer à la nouvelle normalité.

Le changement, pour vous, implique votre façon de parler. Mais pour votre enfant, le changement consiste à s'habituer au fait que vous n'allez pas le guider. Son cerveau attend peut-être l'incitation et a besoin d'un peu de temps pour s'adapter aux bonds que vous lui demandez de faire. Il doit également se rendre compte qu'il a désormais une plus grande responsabilité qu'auparavant.

Des raisons courantes expliquent pourquoi un enfant ne réagit pas à vos déclarations soigneusement élaborées. Je les évoque souvent et je partagerai les principales raisons qui, à mon avis, sont les plus fréquentes. Je commencerai par les énumérer, puis j'expliquerai chacune d'entre elles en détail, ainsi que les mesures que vous pouvez entreprendre. Tel que mentionné dans le chapitre précédent, vous

Manuel du langage déclaratif

devrez être un observateur attentif de chaque enfant afin de découvrir la raison la plus probable à chaque instant.
- Temps de traitement - vous êtes intervenu trop rapidement !
- Votre enfant n'est pas attentif à votre langage, pour diverses raisons.
- Votre enfant vous entend, mais ne comprend pas qu'est ce qu'on s'attend de lui.
- Habitude - l'enfant n'est pas habitué à ce style de parole et a besoin d'un temps d'adaptation.

Reprenons chacune d'entre elles.

Temps de traitement - Avez-vous fait un commentaire déclaratif et n'avez-vous laissé qu'une ou deux secondes avant de relancer ? Rappelez-vous que ce langage est différent. L'enfant a besoin de l'assimiler, d'y réfléchir et de décider ensuite comment y répondre. Il s'agit d'un travail cérébral et le temps de traitement adéquat est donc important. Si vous intervenez à nouveau trop rapidement, vous ajoutez des exigences supplémentaires et créez plus de travail. L'enfant risque d'être surchargé, de se sentir coincé ou de ne pas savoir quoi faire. Je sais que j'ai abordé la question du rythme dans le chapitre précédent. Je le mentionne ici à nouveau parce qu'il demeure très important.

Attention - Le message n'a pas été reçu parce que vous n'aviez pas l'attention de l'enfant. Il n'est pas question d'un manque d'attention de sa part, mais plutôt qu'il portait son attention ailleurs lorsque vous lui avez parlé. L'enfant ne s'obstine pas. Il ne s'agit pas d'un enfant qui ne veut pas vous entendre. Croyez-moi. Il a besoin que vous repreniez la parole, mais cette fois-ci, assurez-vous d'avoir son attention avant de parler.

Chapitre 11 : Astuces de dépannage

Voici quelques pistes pour retenir leur attention avant de prononcer votre déclaration :
1. <u>Rapprochez-vous de l'enfant et reprenez la parole</u>. Il se peut tout simplement que l'enfant soit trop loin et que la portée de votre voix n'ait pas été suffisante pour que l'enfant comprenne l'importance du message.
2. <u>Appelez-le par son nom ou tapez-lui sur l'épaule</u>. Une fois que vous avez appelé leur nom ou que vous leur avez tapé sur l'épaule, vous avez une tâche importante à accomplir. Je vous demande d'ATTENDRE. Attendez que l'enfant ait traité cette première offre. Vous saurez qu'il a traité avec succès cette première communication lorsqu'il se référera à vous. Il le fera visuellement (en regardant vers vous) ou verbalement en disant « Quoi ? ». Dans tous les cas, cette référence indique qu'il est prêt à recevoir plus d'informations. Vous devez attendre ce signal, car ce que vous allez dire est important.
3. <u>Gardez leur attention une fois que vous l'avez établie</u>. Parfois, je fais aussi double-fonction pour attirer et garder l'attention d'un enfant en lui indiquant que j'ai quelque chose d'important à lui dire. Tout d'abord, je l'appelle par son nom, j'attends qu'il se réfère à moi, puis j'ajoute un commentaire qui signale que quelque chose d'important arrive. Par exemple, je peux dire : « *J'ai quelque chose d'important à te dire. Dis-moi quand tu seras prêt*, ou *je veux te dire quelque chose. J'attendrai que tu sois prêt*. Ou encore : *J'ai quelque chose de passionnant à te dire ! Préviens-moi quand tu seras prêt à l'entendre.* » Ces affirmations assurent votre succès. L'enfant s'arrêtera de faire ce qu'il est en train de faire, se référera à vous et vous indiquera qu'il est prêt à écouter ce que vous avez à lui dire. Il est impatient de vous entendre et il est prêt. Cela augmentera la probabilité qu'il assimile et réponde à votre commentaire déclaratif.

Manuel du langage déclaratif

Préparez-vous à réussir en attirant d'abord leur attention d'une manière significative !

4. <u>Minimisez les distractions</u>. Il est également utile de s'assurer que vous n'êtes pas en compétition avec d'autres éléments de l'environnement. Si l'enfant ne se réfère pas à vous après les étapes ci-dessus pour attirer son attention, il se peut que le Lego qu'il utilise ou l'objet qu'il tient ou auquel il pense soit un concurrent trop important pour son attention. Dans ce cas, il est préférable de retirer cet élément avant de faire votre commentaire. Vous pouvez dire : « *Je vois que tu aimes ce jouet. Je vais le tenir pendant une minute, le temps de te dire quelque chose d'important.* » Ensuite, tendez-lui la main pour qu'il vous donne l'objet. Une fois l'objet retiré, il sera plus attentif à ce que vous dites. Lorsqu'il vous demandera de lui rendre l'objet, si un suivi est nécessaire, vous pourrez lui dire : « *Je vais certainement te rendre cet objet, mais je veux d'abord que tu t'occupes de ce que je viens de mentionner* ». Si vous vouliez seulement lui dire quelque chose, partager un souvenir ou lui donner un aperçu de quelque chose à venir, vous devriez alors lui rendre l'objet tout de suite pour montrer que vous êtes fiable et que vous tenez parole.

5. <u>Analyser et simplifier l'environnement</u>. Parallèlement, repérez les distractions potentielles dans l'environnement. Pour en tirer le maximum, éliminez le plus possible les éléments de distraction avant de prendre la parole.

6. <u>Effectuez une réparation</u>. Si vous avez réduit les distractions et que vous êtes convaincu que l'enfant aurait dû vous entendre, mais qu'il n'a pas répondu, utilisez un énoncé déclaratif pour amorcer une réparation de la communication. Par exemple, sur un ton positif, dites : « *Je veux être sûr que tu m'as entendu, ou je ne suis pas sûr que tu m'as entendu* ». Attendez que l'enfant comprenne ce que vous avez dit. Si votre déclaration était

Chapitre 11 : Astuces de dépannage

positive et invitante, il est probable que l'enfant répondra en proposant ses propres solutions : « *Non, je n'ai pas entendu. Peux-tu le répéter ?* »

Compréhension - La troisième raison pour laquelle un enfant ne réagira pas à une déclaration est qu'il ne sait pas quoi faire. Peut-être présentez-vous une nouvelle idée, utilisez-vous un vocabulaire moins connu ou l'enfant n'a-t-il pas encore vécu la situation ou le problème que vous lui présentez. Il se peut que la tâche ou l'attente soit trop élevée par rapport à l'ensemble des compétences qu'il possède actuellement pour la réaliser.

Voici un exemple que je vais vous présenter.

Nick est à l'épicerie avec sa mère, Sue. Il met du lait dans le chariot et sa mère lui dit : « *Je me demande si un lait est suffisant pour toi et papa.* » Nick a regardé sa mère mais n'a rien répondu. Il est resté figé. Son repère visuel indique qu'il a reçu le message, mais il est clair qu'il n'a pas compris le sens des paroles de Sue ou qu'il ne sait pas ce qu'elle attend de lui.

Lorsque l'enfant ne sait pas quoi faire, vous devez décomposer ce que vous dites en petits morceaux plus compréhensibles pour l'enfant et le guider, une idée à la fois.

Tout ralentissement effectué pour décomposer les idées de cette manière est du temps bien utilisé. L'apprentissage que vous fournissez dans ces moments-là sème des graines pour plus tard. Vous aidez l'enfant à apprendre quelque chose de nouveau et à entreposer ces connaissances pour l'avenir. Comme vous avez ralenti le rythme pour enseigner, l'enfant se souviendra plus facilement de ce qu'il doit faire lorsqu'il entendra à nouveau un commentaire déclaratif semblable. Vous développez activement la mémoire épisodique.

Manuel du langage déclaratif

> Comme vous avez ralenti le rythme pour enseigner, l'enfant se souviendra plus facilement de ce qu'il doit faire lorsqu'il entendra à nouveau un commentaire déclaratif semblable. Vous développez activement la mémoire épisodique.

La mère de Nick est revenue sur son premier commentaire et a donné à Nick plus d'informations pour qu'il puisse comprendre et apprendre : « *Tu devrais peut-être en prendre un pour toi et un pour papa.* » Immédiatement, Nick a réagi en suivant la suggestion et en prenant un autre lait pour leur chariot. On peut également être raisonnablement certain que la prochaine fois qu'il entendra quelqu'un dire : «*Je me demande si c'est suffisant*», Nick en déduira qu'il devrait en rajouter. Mais Sue avait besoin de ralentir à ce moment-là pour enseigner l'idée.

Comme vous pouvez le constater, lorsque l'enfant ne sait pas quoi faire, c'est souvent qu'il a simplement besoin d'être guidé, d'obtenir plus d'informations, de décomposer davantage la tâche. Prenez le temps de le faire à l'aide de déclarations accompagnantes, cela en vaudra la peine.

Parfois, les parents ou les enseignants reviennent en arrière et pensent qu'ils doivent poser plus de questions. « *Que devrais-tu faire ? Qu'est-ce qu'il te faut ?* » Il vous faudra beaucoup de volonté pour ne pas poser ces questions ! Les questions créeront davantage d'exigences. Restez ferme et utilisez des commentaires pour guider l'enfant à naviguer cet événement moins connu, et sachez que vous l'aidez à intégrer des souvenirs importants.

Un autre moyen de favoriser la compréhension est d'ajouter un geste. Par exemple, si vous dites «*Je vois des déchets par terre*» et que l'enfant vous entend mais ne réagit pas, il a peut-être besoin d'aide

Chapitre 11 : Astuces de dépannage

pour localiser les déchets. Faites une pause, puis ajoutez un geste. Par exemple, pointez du doigt les déchets, ce qui attirera son attention sur ce que vous voulez qu'il voie. Il est également possible qu'il voie les déchets au sol, mais pas la poubelle. Guidez-le davantage à l'aide d'un geste et d'un commentaire : *La poubelle est juste là.*

Voici un autre exemple d'une enseignante de maternelle qui m'a récemment demandé de l'aide.

L'un de ses élèves se cachait souvent sous la table au moment d'effectuer son travail. L'enseignante a déclaré : « *Tous les enfants sont assis sur leurs chaises* », afin d'encourager l'élève à se repérer dans la salle et à savoir ce qu'on attend de lui. Mais l'élève ne bougeait pas.

À ce moment-là, l'élève est probablement incertain ou inquiet à propos des attentes. Elle est peut-être capable de s'asseoir sur la chaise, mais elle n'est peut-être pas sûre de pouvoir faire ce que l'on attend d'elle une fois qu'elle y sera ! Dans ce cas, il serait utile de lui donner plus d'informations sur ce qui est prévu, ainsi que sur la manière dont elle recevra de l'aide, si nécessaire. Dans cette situation, vous devez cesser de vous concentrer sur « recevoir » - le comportement désiré (comment la *faire* sortir de là ?) et vous orienter vers « donner » ce qui l'aidera à apaiser ses inquiétudes. (Quelle information puis-je lui donner en ce moment pour l'aider ?)

L'enseignante peut commencer par dire : « *Tu peux t'asseoir ici, sur ta chaise. Je t'aiderai si tu en as besoin.* » Si l'élève ne bouge toujours pas, elle peut ajouter : « *Nous allons faire du coloriage. Je vois des crayons sur la table.* » Si l'élève est toujours inquiète, l'enseignante peut valider ses sentiments en disant : « *Je pense que tu es peut-être énervée par ce que nous allons faire, mais je serai là pour t'aider. Je ne veux pas que tu t'inquiètes.* »

Ce langage encourageant aidera l'enfant à se sentir soutenu et en sécurité, à réduire son inquiétude et à être plus disposé à participer.

Manuel du langage déclaratif

Parfois, votre premier objectif est simplement d'aider l'enfant à participer. C'est un bon point de départ, car une fois qu'il s'engage, vous pouvez continuer à le guider en utilisant un langage déclaratif.

Ces exemples de déclarations qui guident, sont tous très différents des ordres et des questions habituels qui peuvent être utilisés dans ce type de situation et qui peuvent créer des luttes de pouvoir telles que : *Que dois-tu faire ? Assieds-toi sur la chaise* ou *sors de sous la table*. Avec des affirmations déclaratives, vous créez un environnement complètement différent, un environnement de soutien, d'orientation, de positivité, de respect et d'amour. C'est ce qui facilitera la participation de l'enfant anxieux.

Habitude: Cette dernière raison semble être la meilleure pour parler du langage déclaratif et de l'âge. Je veux que vous sachiez qu'il n'est *jamais* trop tard pour commencer à utiliser le langage déclaratif.

Il n'est jamais trop tard pour commencer à utiliser le langage déclaratif.

Si un enfant, ou un adulte d'ailleurs, a été exposé toute sa vie à une communication basée sur des questions ou des directives, il aura besoin de temps pour s'habituer à une autre façon d'interagir avec les gens. Autrement dit, si les individus ont été habitués à ce qu'on leur dise ce qu'ils devaient faire ou s'ils ont été engagés socialement en passant par des questions la plupart du temps, leurs compétences en matière de communication sont probablement devenues dépendantes des incitations des autres pour savoir comment et quand initier un échange social, y répondre et y participer.

La spontanéité et l'indépendance d'esprit sont des éléments importants de tout engagement social. C'est ce qui rend les échanges sociaux significatifs et réels. Mais il s'agit là de compétences considérables à

Chapitre 11 : Astuces de dépannage

développer pour tous les communicateurs ! Et si une personne a longtemps été guidée par des directives et des questions, il faudra peut-être du temps pour revenir de sa dépendance aux directives. Les enfants et leurs partenaires de communication ont besoin de persévérance et de patience pour créer un nouveau schéma de communication habituel.

Voici un exemple.

Je travaille avec Christopher, le jeune homme dont j'ai parlé précédemment, depuis sept ans. Lorsque je l'ai rencontré, il avait 21 ans. Sa mère, Judy, m'a contactée parce qu'elle voulait approfondir sa relation avec lui et ressentir une plus grande connexion. À l'époque, elle lui parlait principalement à l'impératif (questions et ordres) et ne savait pas si Christopher répondrait à ce nouveau type de langage. Lorsque nous avons commencé, il y a eu des moments où il fallait tenir bon et faire confiance. Il fallait attendre et dépanner souvent, car ce style d'expression était très différent duquel Christopher était habitué. Mais Judy l'a adopté et a commencé à lui parler de manière déclarative autant que possible.

C'est passionnant de voir qu'au fil du temps, la communication de Christopher a évolué de manière remarquable. Je suis ravie d'annoncer qu'il communique aujourd'hui beaucoup plus d'informations aux autres qu'auparavant. Il partage aussi ce qu'il pense au moment présent, ainsi que des souvenirs du passé. Judy est persuadée que ces souvenirs ont toujours existé, mais que Christopher ne possédait pas les compétences linguistiques nécessaires pour les partager. Il utilise un style de communication unique pour raconter ses souvenirs, mais il s'agit tout de même de souvenirs authentiques.

Voici des exemples de souvenirs partagés par Christopher que j'ai personnellement observés. Ils sont intéressants non seulement pour la vivacité de ses récits, mais aussi parce qu'ils reflètent sa curiosité grandissante du monde.

Manuel du langage déclaratif

Judy et Christopher prennent souvent le train pour me rencontrer quelque part dans la communauté. Lors d'une visite, Christopher a évoqué un panneau de la gare de Salem qu'il avait observé et apprécié. À sa manière unique, il a demandé pourquoi le panneau de la gare ce jour-là était différent de celui qui était là lorsqu'il visitait la gare de Salem dans son enfance.

Un autre jour, nous étions au musée et nous nous sommes arrêtés pour admirer un tableau intitulé «Athènes». Christopher a spontanément fait le lien et a parlé des vacances de sa famille en Grèce lorsqu'il était enfant. Il se rappelait le nom de la compagnie de croisière utilisée et d'une île visitée, alors que sa mère l'avait oublié depuis longtemps.

C'est extraordinaire de faire partie de cette croissance. Christopher partage ces merveilles plus souvent maintenant, mais je pense qu'il est important de se rappeler à quel point il a été silencieux pendant si longtemps.

Voici un courriel récent de Judy, témoignant de ce que ces changements signifient à ses yeux :

Est-ce que je t'ai parlé d'une expérience étonnante de «partage de souvenirs» que j'ai vécue avec Christopher au mois de mai, concernant ses souvenirs d'un livre que nous avions l'habitude de lui lire et la façon dont le jardin et les arbres de sa maison à Canton le lui rappelaient? Si ce n'est pas le cas, je le ferai! J'ai eu l'impression de vivre une révélation, tout comme la «conversation» à trois avec Thomas que nous avons eu la dernière fois que nous nous sommes rencontrés. Même si ces petites étapes de développement qu'il franchit semblent minimes quand je pense à la montagne de développement dont il aurait besoin pour devenir, disons, indépendant, elles sont PRÉCIEUSES pour moi. Merci beaucoup de nous avoir aidés.

J'ai un dernier exemple époustouflant à partager. Lorsqu' Eliza avait 3 ans, sa famille est partie en vacances dans une cabane. Un soir, Eliza

Chapitre 11 : Astuces de dépannage

a piqué une grosse colère. Ses parents n'ont jamais pu comprendre pourquoi et tout le monde en a été bouleversé. Des années plus tard, Eliza a trouvé les mots pour l'expliquer ! Elle a raconté qu'elle avait vu un gros insecte sur le mur et qu'elle avait eu peur. Quel soulagement de finalement connaître la raison, et cette information, fournie par Eliza elle-même, a permis à chacun de recadrer leurs souvenirs de cette nuit d'une manière positive et compréhensible.

Les souvenirs sont également là pour vos enfants. Si ce changement de style de parole est important pour votre enfant plus âgé ou votre élève parce qu'il a pris l'habitude de partager des informations en répondant à des questions impératives, tenez bon. Restez cohérent avec votre langage déclaratif et ayez confiance que les changements se produisent, même si cela prend un certain temps. Rappelez-vous qu'il n'est jamais trop tard pour vous et votre enfant de rompre avec les vieilles habitudes et de changer de style de communication.

Conclusion : S'il y a une chose que vous retenez de ce chapitre, j'aimerais que vous reteniez ceci : accordez toujours à l'enfant le bénéfice du doute lorsqu'il ne répond pas à votre déclaration. Il y a toujours une bonne raison, et c'est souvent l'une des quatre ci-dessus : le temps de traitement, l'attention, la compréhension ou l'habitude. Attendez tranquillement et observez, en vous donnant le temps de déterminer la raison. Ensuite, avancez en passant par le dépannage !

Accordez toujours à l'enfant le bénéfice du doute lorsqu'il ne répond pas à votre déclaration.

PARTIE 5:
PRATIQUE

CHAPITRE 12:
Feuilles de pratique pour vous mettre à l'aise

Le langage déclaratif nécessite de la pratique! Voici quelques feuilles de travail qui vous permettront de perfectionner vos compétences et de vous sentir plus à l'aise avec cette façon de parler.

Vous pouvez télécharger des copies de ces feuilles de pratique sur : www.declarativelanguage.com

Feuille de travail #1 : Déclaratif ou Impératif ?

Commencez par être attentif et par observer si vous utilisez une déclaration ou un impératif. Une fois que vous aurez repéré vos commentaires et questions à l'impératif, vous arriverez à les transformer en énoncés déclaratifs.

Pour les 10 paires de phrases suivantes, déterminez laquelle est à l'impératif et laquelle est son équivalent déclaratif.
1a. Assieds-toi.
1b. Voici ta chaise.

Manuel du langage déclaratif

2a. Que devrais-tu faire?
2b. Regardons ce que tes camarades de classe sont en train de commencer.

3a. Ton manteau est par terre.
3b. Ramasse ton manteau.

4a. Je me demande si tu as entendu ce que j'ai dit.
4b. Qu'est-ce que j'ai dit?

5a. Raconte à papa ce que tu as fait aujourd'hui.
5b. Racontons ensemble à papa ce que tu as fait aujourd'hui.

6a. Je suis prête quand tu l'es à passer à la page suivante.
6b. Tourne la page.

7a. Qu'est-ce qui suit?
7b. Je me demande si tu sais ce qu'il faut faire par la suite.

8a. Ce jouet a l'air d'intéresser aussi ton ami(e).
8b. Donne un tour à ton ami(e).

9a. Que représente cette image?
9b. J'ai observé quelque chose d'intéressant ici. Je me demande si tu sais comment ça s'appelle.

10a. Cherche le ballon.
10b. La balle a roulé là-bas.

Chapitre 12 : Feuilles de pratique pour vous mettre à l'aise

Feuille de travail #2 : Convertir les impératifs en déclaratifs

Transformez ces affirmations ou questions impératives en affirmations déclaratives. Utilisez les mots de la banque de mots si nécessaire.

Banque de mots/mots utiles à retenir :

Verbes	Des mots qui communiquent des alternatives et des possibilités	Pronoms invitants	Noms
penser observer entendre se demander décider je parie sentir savoir ne pas savoir je vois souhaiter être d'accord ne pas être d'accord j'aime je n'aime pas espérer sembler	parfois probablement sûr, certain pas sûr, pas certain peut-être il se peut pourrait possiblement	je nous allons, faisons	idée pensée opinion préférence

Manuel du langage déclaratif

1. Que devrais-tu faire en ce moment ?
2. Donne-moi ta feuille de papier.
3. Ramasse ces livres.
4. De quoi as-tu besoin ?
5. Boucle ta ceinture de sécurité.
6. Prends place.
7. Arrête de courir.
8. Déplace-toi.
9. Qu'est-ce qu'on dit ?
10. À toi de jouer.

Feuille de travail #3 : Dépannage

Imaginez que vous avez fait la déclaration suivante, mais que l'enfant n'a pas répondu. Que pourriez-vous faire ou dire par la suite pour soutenir l'enfant à ce moment-là ?

1. Tous les enfants sont assis à table.
2. Commençons tes devoirs.
3. J'observe que ton sac à dos est par terre.
4. J'aimerais bien un peu de ce maïs soufflé aussi.
5. J'aimerais bien jouer à ce jeu avec toi.
6. Je remarque que ton ami attend que tu prennes ton tour.
7. Je pense que c'est à toi de mettre la table.
8. La gamelle du chat est vide.
9. La plante a l'air d'avoir soif.
10. La poubelle déborde !

Soyez patient envers vous-même – le langage déclaratif demande de la pratique, mais cela en vaut la peine !

PARTIE 6:
SUIVI DU PROGRÈS ET DE LA RECHERCHE

CHAPITRE 13:
Comment reconnaître le progrès

La question importante qui se pose maintenant est: comment savoir si l'utilisation du langage déclaratif est efficace ou non? Le changement le plus important portera sur le paysage de la communication dans son ensemble. Le passage d'une communication qui a peut-être été négative ou qui comprenait des luttes de pouvoir vers une communication positive, encourageante et compréhensive. Par exemple, vous pouvez vous sentir plus patient envers votre enfant, parce que vous comprenez un peu mieux la réaction de lutte / fuite / immobilisation. Vous avez observé comment votre enfant réagit aux demandes et au langage impératif par rapport aux énoncés déclaratifs qui le guident davantage.

Vous pouvez également vous rendre compte de votre plus grande souplesse. Vous vous apercevez qu'en lâchant prise, en vous ouvrant à d'autres possibilités et en observant les réactions et les contributions uniques de votre enfant, celui-ci devient lui aussi plus ouvert et plus souple.

Manuel du langage déclaratif

Les changements commencent par l'adulte et se répercutent ensuite sur l'enfant. Vous modélisez d'une manière bienveillante ce que vous désirez réellement que l'enfant apprenne : comment être un partenaire de communication patient, compréhensif, qui écoute l'autre personne et lui répond de manière réfléchie. Vous avez maintenant plus d'empathie parce que vous comprenez mieux votre enfant.

Les changements commencent par l'adulte et se répercutent ensuite sur l'enfant. Vous modélisez d'une manière bienveillante ce que vous désirez réellement que l'enfant apprenne : comment être un partenaire de communication patient, compréhensif, qui écoute l'autre personne et lui répond de manière réfléchie.

Au-delà des changements globaux (vous vous sentez mieux, la communication est plus positive et encourageante, vous avez plus d'échanges positifs et de réussites dans l'ensemble), il y a quelques petits moments à surveiller.

Vous observerez que votre enfant se réfère davantage visuellement à vous. Par exemple, lorsque vous faites une déclaration et que vous attendez, le voyez-vous lever la tête et scruter l'environnement, le matériel que vous utilisez, ou même regarder un peu plus les autres ?

Vous verrez également l'enfant assimiler plus souvent des informations visuelles parce que vous le guidez sur ce qui est important. Comme mentionné dans un chapitre précédent, cela diffère du contact visuel. L'enfant ne regarde pas par habitude ou parce que vous lui avez dit de le faire. Il regarde pour obtenir les informations dont il a besoin. Soyez attentif !

La résolution des problèmes se fera également de manière plus active. C'est passionnant ! Alors que dans le passé, vous disiez à

Chapitre 13: Comment reconnaître le progrès

l'enfant quoi faire, vous prenez maintenant du recul pour le laisser prendre les devants ou l'initiative.

Prenons l'exemple de quelque chose qui se renverse. Avant, vous disiez peut-être à l'enfant de nettoyer ou même d'aller chercher une serviette. Maintenant, vous direz plutôt : « *Oh! un déversement!* » et vous attendrez tranquillement. L'enfant prend alors l'initiative d'aller chercher une serviette, puis de nettoyer. Vous ne lui aviez pas laissé l'espace nécessaire pour le faire auparavant, et maintenant que vous le faites, c'est formidable!

Vous les voyez résoudre des problèmes une fois sensibilisés à leur existence ou une fois que vous leur avez montré où se situait le problème. Ils résoudront davantage de problèmes parce que vous leur donnez consciemment plus d'occasions de le faire. Tout comme vous modifiez votre façon de communiquer, leurs sentiments évoluent et ils deviennent plus compétents et plus autonomes.

Votre enfant résoudra davantage de problèmes parce que vous lui donnez consciemment plus d'occasions de le faire.

Vous pouvez également commencer à voir l'enfant réparer plus activement les ruptures de communication. Peut-être qu'auparavant, c'est vous qui faisiez tout le travail de réparation en cas de malentendu. Vous clarifiiez la situation ou disiez à votre enfant ce qu'il devait dire ou faire. Maintenant, vous prenez du recul pour qu'il puisse observer la rupture et réfléchir à la manière de la réparer par lui-même. Vous lui donnez une pratique plus active de la résolution de problèmes en matière de communication et, par conséquent, il devient plus indépendant dans ses compétences de communication. La communication n'est pas parfaite - elle est toujours aussi désordonnée! Mais la différence, c'est que ce n'est pas vous avec la responsabilité d'y

Manuel du langage déclaratif

remédier. Vous vous sentez plus à l'aise en prenant du recul pour laisser à votre enfant la possibilité d'effectuer ce travail important.

Votre enfant est également plus capable de gérer les échecs et les déceptions parce que vous parvenez à l'aider à accéder à sa mémoire épisodique pour avoir une vue d'ensemble de la situation à long terme. Ils comprennent que des choses se produisent et que ce n'est pas forcément la fin du monde. Vous réussissez à les aider à se rappeler ce dont ils ont besoin, au moment où ils en ont besoin, sans les submerger d'informations. Vous êtes également patient et aimable dans ces moments-là, car vous comprenez que l'effondrement ou la déception sont réels pour eux. Ils le ressentent d'autant plus, car ils n'ont pas les souvenirs importants à portée de main. Vous faites preuve de plus de patience face à leur douleur et vous les accompagnez donc davantage dans ces moments difficiles.

La communication n'est pas parfaite – elle est toujours aussi désordonnée ! Mais la différence, c'est que ce n'est pas vous avec la responsabilité d'y remédier. Vous vous sentez plus à l'aise en prenant du recul pour laisser à votre enfant la possibilité d'effectuer ce travail important.

Peut-être commencerez-vous également à être témoin de plus d'expériences de partage de communication. Par exemple, comme Eliza et Christopher, votre enfant commence à exprimer et à partager des souvenirs de manière plus spontanée. Vous entendez davantage, mais vous êtes également patient dans la transmission des informations. Vous partagez des souvenirs et des informations en vous concentrant sur l'avenir. Vous savez qu'il ne s'agit pas des questions auxquelles il répond aujourd'hui, mais des souvenirs et des informations qu'il pourra partager avec les autres demain.

Chapitre 13 : Comment reconnaître le progrès

Vous partagez des souvenirs et des informations en vous concentrant sur l'avenir. Vous savez qu'il ne s'agit pas des questions auxquelles il répond aujourd'hui, mais des souvenirs et des informations qu'il pourra partager avec les autres demain.
Vous agissez consciemment en partageant des informations et des sentiments, avec l'intention de les aider à renforcer leur propre capacité à partager des expériences avec les autres à l'avenir. Vous les soutenez en envisageant ce qui est à venir plutôt que de rester bloqué sur le désir d'une réponse spécifique dans le présent. Vous lâchez prise sur votre besoin d'une réponse immédiate. En conséquence, votre enfant participe un peu plus aux conversations, que ce soit verbalement ou non verbalement, et les souvenirs émergent avec le temps.

Le vocabulaire de votre enfant s'est enrichi ! Vous l'entendez reconnaître les sentiments et en parler un peu plus, parce que vous l'avez encouragé à comprendre ce qu'il ressent et quels sont les indices de ce sentiment. Il commence également à utiliser des verbes cognitifs ! Il parle plus librement de ses pensées, de ses souhaits, de ses idées et de ses opinions, et il ne s'énerve pas ni ne se sent coincé lorsque ses idées sont différentes de celles des autres.

Votre enfant se sent plus à l'aise avec d'autres opinions sur le moment. Il est capable de traiter des informations différentes d'une nouvelle façon. Le fait que quelqu'un ne soit pas d'accord ou pense différemment n'est pas perçu comme une menace par l'enfant. C'est parce que vous savez comment encadrer l'interaction de manière qu'il ne s'agisse pas d'avoir raison ou tort, mais de partager des idées différentes. Les opinions différentes sont intéressantes et non difficiles. Vous modélisez et montrez aux enfants comment partager l'espace avec d'autres personnes qui ont des idées divergentes. Ils sont désormais plus disposés à partager l'espace avec quelqu'un qui voit le monde ou une situation différemment.

Manuel du langage déclaratif

Les petits moments créent de grands changements. Vous observez davantage, vous profitez de plus de moments, vous comprenez mieux ce dont votre enfant a besoin, parce que le langage déclaratif vous a permis de ralentir et de rester à l'écoute de ce que votre enfant vous communique. Vous vous sentez plus confiant en sachant que votre enfant peut accomplir des merveilles.

Les petits moments créent de grands changements.

Vous trouverez à la page suivante un exemple de feuille de suivi comportant dix énoncés que vous pouvez utiliser d'une semaine à l'autre et d'un mois à l'autre pour mesurer les progrès réalisés dans le cadre de vos observations et y réfléchir. Assurez-vous d'en remplir une avant de commencer afin d'avoir une idée précise de vos attitudes et perceptions de base.

Chapitre 13 : Comment reconnaître le progrès

Feuille de suivi du progrès

Date :	Pas vrai	Un peu vrai	Très vrai !
Je me suis senti patient avec mon enfant cette semaine.			
J'ai observé que mon enfant se référait visuellement aux autres ou à l'environnement cette semaine.			
J'ai observé mon enfant résoudre des problèmes cette semaine.			
J'ai observé mon enfant utiliser un souvenir important, avec accompagnement, cette semaine.			
J'ai observé mon enfant partager des souvenirs cette semaine.			
Je me sentais plus apte à lire les indices de mon enfant cette semaine.			
J'ai eu l'impression de mieux comprendre mon enfant cette semaine.			
Mon enfant a reconnu et corrigé des ruptures de communication cette semaine.			
Mon enfant était ouvert à l'idée d'essayer quelque chose de nouveau cette semaine.			
Je me suis senti confiant en encourageant mon enfant à essayer quelque chose de nouveau ou à penser d'une manière différente cette semaine.			

Téléchargez une copie de cette feuille de suivi des progrès sur :
www.declarativelanguage.com

CHAPITRE 14 :
Le langage déclaratif : projet pilote

Malheureusement (ou heureusement si vous considérez cela comme une opportunité), il y a peu d'informations disponibles à l'heure actuelle sur l'utilisation du langage déclaratif en tant qu'outil puissant pour les enfants rencontrant des difficultés d'apprentissage social. Cependant, pour nous qui l'utilisons tous les jours, nous n'avons aucun doute quant à son efficacité et à sa puissance. La porte est grande ouverte pour que les cliniciens et les chercheurs explorent et valident ensemble ce style de parole.

Il existe aujourd'hui plusieurs études sur l'efficacité de l'intervention en développement relationnel (RDI) en tant qu'approche thérapeutique auprès des enfants présentant des troubles du spectre autistique. Sur le site Web de RDI Connect, vous trouverez une liste d'études menées par Dre Jessica Hobson, Dr Steven E. Gutstein, Dre Nicole Beurkens entre autres. Comme mentionné au chapitre 1, j'ai découvert le langage déclaratif lors de ma formation en tant qu'intervenante du développement relationnel. Le langage déclaratif est un outil et une stratégie essentiels utilisés dans le cadre de la RDI, et il est enseigné aux parents qui participent à cette approche thérapeutique. Les parents RDI du monde entier peuvent témoigner de son pouvoir et de la façon dont ce style de parole a contribué à apporter des changements positifs dans leur relation avec leur enfant.

Manuel du langage déclaratif

Les parents RDI du monde entier peuvent témoigner de son pouvoir et de la façon dont ce style de parole a contribué à apporter des changements positifs dans leur relation avec leur enfant.

Dans le but de contribuer aux données personnelles, j'ai créé mon propre « projet pilote sur le langage déclaratif » en 2017. J'ai commencé le projet peu après avoir dirigé une présentation sur le langage déclaratif dans le cadre de la conférence de la famille Burr à l'école Cotting à Lexington, Massachusetts. Dans cette présentation, je présentais des informations de base sur le langage déclaratif, notamment sur sa nature, ainsi que des vidéoclips pour illustrer son application. Mes propres enfants ainsi que des clients dont j'ai parlé tout au long de ce livre figuraient dans ces vidéoclips.

Souhaitant aller plus loin, j'ai réalisé que cette présentation était l'occasion idéale d'impliquer les parents intéressés dans un projet pilote. Je ne suis pas une chercheuse officielle, mais j'aime analyser les résultats, repérer les tendances et me servir des mathématiques dans mon travail. J'étais bien décidée à faire mon possible avec les ressources dont je disposais. À la fin de la formation, j'ai donc invité les parents intéressés à participer à un projet pilote visant à évaluer l'impact du langage déclaratif à me contacter.

Trois mères se sont immédiatement déclarées intéressées et nous avons démarré notre projet deux mois plus tard. Il est à noter que chacune de ces mères avait un fils adolescent qui bénéficiait déjà de services d'éducation spécialisée depuis presque toute leur vie. Ces femmes avaient participé à la thérapie de leur fils pendant de nombreuses années, mais l'idée du langage déclaratif était nouvelle pour elles et elles étaient impatientes d'en savoir plus.

Chapitre 14 : Le langage déclaratif : projet pilote

Voici des extraits des courriels que j'ai reçus à la suite de ma première présentation :
J'ai particulièrement apprécié les deux clips vidéo de Christopher, qui est passé de la fabrication d'oreillers à un discours sur la publicité qui avait changé! Voir de tels progrès chez un enfant plus âgé voire un jeune adulte m'a vraiment émue.

J'ai adoré ce que vous aviez présenté et ai mis le langage déclaratif en pratique dès mon arrivée à la maison. C'était tellement génial que je suis obligée de partager.... Cela fait des années que je m'inquiète et que je me plains du fait que, toute sa vie, les gens ont dit à mon fils ce qu'il devait faire, si bien qu'il ne répond plus à aucune question ou qu'il n'attend plus qu'on lui donne des instructions. Il ne sait pas comment se faire valoir ni mener une conversation. Ce n'était pas miraculeux à chaque intervention, mais c'était suffisamment époustouflant de constater que cela fonctionnait plus qu'une fois. Nous avons eu une conversation qui ne portait pas uniquement sur les films qu'il aime. Je vous remercie.

Je suis attentif à parler en langage déclaratif. C'est vraiment très puissant!

Et donc, nous nous sommes lancés! J'ai commencé par demander aux femmes et à leurs fils de venir à mon bureau pour enregistrer des vidéos de référence observant leur style d'interaction naturel. Ils ont également rempli un questionnaire de base dans lequel ils partageaient leurs impressions sur la communication actuelle avec leurs fils, ainsi que leurs propres connaissances et sentiments de compétence dans l'utilisation d'un langage déclaratif. Vous trouverez ce questionnaire en annexe.

Ensuite, par vidéoconférence, nous nous sommes rencontrés toutes les deux ou trois semaines pendant cinq mois, pour un total de sept

Manuel du langage déclaratif

séances de formation. Chaque session comprenait une révision de ce qui avait été appris précédemment, l'introduction d'un nouveau sujet ou d'une nouvelle utilisation du langage déclaratif, des vidéoclips des mères et des fils ensemble pour illustrer chaque idée, un devoir à faire à la maison, puis un programme pour notre prochain rendez-vous. Nous partagions également les moments forts des vidéos de chacune des mères tout en évoquant toutes les raisons possibles de se réjouir.

Ce programme pilote a créé un environnement d'apprentissage incroyablement précieux et favorable pour moi et ces femmes. Elles ont amélioré leurs compétences et leur aisance dans l'application du langage déclaratif, et j'ai appris comment l'enseigner de manière plus formelle.

À la fin de notre formation, les mères ont rempli un questionnaire final pour partager leurs impressions générales et des précisions sur leur évolution personnelle. Ensuite, elles sont revenues à mon bureau pour enregistrer une dernière vidéo afin de capturer et de documenter de manière officielle les changements dans leur style de communication. Elles ont également rempli un bref questionnaire de réflexion après chaque devoir, d'une semaine à l'autre. (Voir l'annexe pour les exemples)

Au cours des sept sessions, les concepts d'enseignement se sont déroulés de la manière suivante :
- Déclaratif vs. Impératif
- Utiliser un langage déclaratif pour guider l'évaluation : est-ce assez bien ?
- Attendre tranquillement pour permettre aux enfants de faire des découvertes
- La communication : Partager les expériences, être présent, établir un point d'attention commun

Chapitre 14 : Le langage déclaratif : projet pilote

- La communication : Les ruptures et les réparations
- La communication : Prendre du recul
- Récapitulation et bilan

De plus, des stratégies ont été soulignées tout au long du processus, notamment le rythme (attendre tranquillement), les astuces de dépannage («échafaudage») et le ralentissement.

Voici quelques citations percutantes tirées du questionnaire final :

En tant que parent, que pensez-vous avoir gagné en participant à ce projet ? Veuillez être aussi précis que possible.

Parent 1 : En tant que parent, j'ai appris à communiquer avec mon enfant d'une manière moins imposante et moins exigeante, ce qui nous a permis de collaborer davantage en tant qu'équipe. Ce cours m'a donné la capacité de laisser la conversation se dérouler sans toujours la diriger.

Parent 2 : Ce cours m'a appris à vivre davantage dans l'instant présent - à prendre le temps de faire une pause et de vraiment écouter mon fils. Je pense que nos conversations spontanées et nos activités sont plus connectées et plus significatives lorsque je mets en œuvre les stratégies et les techniques enseignées dans ce cours. Le fait de parler délibérément dans un langage déclaratif m'a transformée en une personne plus bienveillante et plus compatissante. Cela m'a certainement permis de comprendre comment (mon fils) pense et ressent les choses.

Parent 3 : Des techniques pour ouvrir la porte d'une communication significative prolongée, et de la patience d'attendre les opportunités de partager des expériences, de donner et de gagner en perspective, et de guider significativement.

Manuel du langage déclaratif

Ce cours m'a appris à vivre davantage dans l'instant présent – à prendre le temps de faire une pause et de vraiment écouter mon fils.

Qu'est-ce que vous pensez que votre enfant a acquis ?
Parent 1 : Mon enfant a gagné un sentiment d'autonomie et a compris que son opinion comptait.

Parent 2 : En continuant à me concentrer sur l'utilisation d'un langage déclaratif et sur les pauses silencieuses au quotidien, j'ai observé que mon fils partageait ses opinions, ses pensées et ses sentiments ! J'ai remarqué qu'il prenait l'initiative et qu'il avait plus confiance en lui pour essayer une nouvelle tâche, partager une idée et s'engager dans des conversations réciproques - même si le sujet n'est pas son préféré. Lorsque j'utilise un langage déclaratif, je constate que l'anxiété et le langage de persévération de mon fils ont tendance à diminuer et qu'il participe plus librement sans se sentir jugé !

Parent 3 : (Il) a certainement bénéficié du temps individuel que nous nous sommes réservé dans nos vies bien remplies pour planifier, réaliser et enregistrer des vidéos mettant en pratique les techniques de manière structurée. Sur le plan informel, il a bénéficié de la présence d'un parent qui structure et traite mentalement la qualité (et pas seulement la quantité) de notre communication. Ensemble, ces deux méthodes permettront de redonner de l'importance au temps parents-enfants et de modéliser des *stratégies fructueuses que les autres membres de la famille pourront intégrer.*

Mon enfant a gagné un sentiment d'autonomie et a compris que son opinion comptait.

Chapitre 14 : Le langage déclaratif : projet pilote

Comment vos interactions avec votre enfant ont-elles changé depuis le début de ce projet ?
Parent 1 : Nos conversations sont plus longues.

Parent 2 : Lorsque je m'aperçois que j'ai des conversations difficiles, je m'arrête et je réfléchis : est-ce que j'utilise un langage déclaratif ou impératif ? Je fais un effort conscient pour me regrouper et pratiquer mon langage déclaratif et le résultat est toujours une meilleure interaction, plus significative, avec mon fils !

Parent 3 : J'ai regagné la foi et l'intuition que même les petits moments puissent faire une grande différence s'ils sont organisés de manière à soutenir et à encourager la croissance et le développement de la communication entre les partenaires, qu'elle soit verbale ou non verbale.

J'ai regagné la foi et l'intuition que même les petits moments puissent faire une grande différence...

Afin de mesurer quantitativement les changements, j'ai revisionné toutes les enregistrements vidéo de base et finaux et j'ai capturé les données pertinentes de chaque interaction mère/fils. Dans ces séquences, chaque mère se voit présenter une activité directement issue de l'évaluation de RDI, appelée RDA (Relationship Development Assessment). Dans cette activité, le parent et l'enfant reçoivent plusieurs modèles de maisons en carton et du matériel (fiches, ruban adhésif, ciseaux) au choix, puis sont invités à construire leur propre maison en équipe. Il s'agit généralement d'une activité pour laquelle l'enfant a besoin d'aide.

J'ai mesuré la communication dans des domaines spécifiques pour chaque interaction mère/fils. Ces évaluations ont commencé cinq minutes après l'introduction de l'activité et ont duré deux minutes.

Manuel du langage déclaratif

J'ai choisi ces deux minutes au milieu de chaque activité pour laisser aux individus le temps de s'installer et de s'acclimater aux attentes de la tâche. Il y a beaucoup de communication qui se produit en deux minutes, c'est pourquoi deux minutes ont été considérées comme un échantillon adéquat pour déterminer les schémas de communication.

Les éléments suivants ont été mesurés sur chaque échantillon de deux minutes, pour chaque paire mère/fils :
- La fréquence des questions et des ordres des parents
- La fréquence des commentaires des parents
- La fréquence de l'ensemble des énoncés du fils (mots isolés, combinaisons de mots et phrases)
- La fréquence des énoncés du fils qui :
    1. <u>Étaient en rapport</u> avec ce leur mère avait dit
    et
    2. Comportaient plus qu'un seul mot*
- La fréquence des énoncés du fils qui :
    1. La fréquence des énoncés du fils qui :
    et
    2. Comportaient plus qu'un seul mot

*Des énoncés de plus d'un mot ont été choisis pour être mesurés afin de s'assurer que l'énoncé puisse être facilement catégorisé comme ayant un rapport ou non avec ce que leur mère avait dit. Exemples :

L'énoncé suivant a été considéré comme ayant un rapport :
Maman : « Bon, tu as du ruban adhésif. Je vois ici... pour l'étirer. »
Le fils : « C'est dur. »

Alors que cette phrase a été jugée sans rapport avec le sujet :
Maman : « Je me demande ce qu'on devrait faire en premier. »
Fils : « Je vois Nathalie combien de fois ? »

Chapitre 14 : Le langage déclaratif : projet pilote

Afin d'inclure un autre évaluateur et juge dans le processus, ma collègue et conseillère RDI, Elisabeth Ramirez, a examiné et catégorisé indépendamment chaque énoncé de ces échantillons. Les éléments sur lesquels nous étions d'accord ont été comptabilisés.

Les fréquences suivantes ont été recueillies.

Parent/fils 1	Parent questions ou ordres	Parent commentaires	Énoncées du fils	Énoncés du fils ayant un rapport & >1 mot	Énoncés du fils n'ayant pas de rapport & >1 mot
Janvier	15	9	7	4	0
Juin	7	23	8	7	0
% changement	-53.33	-155.55	-14.28	-75	Pas de changement
Augmentation ou réduction ?	Réduction	Augmentation	Augmentation	Augmentation	Pas de changement
Effet désiré ?	Oui	Oui	--	Oui	n/a

Manuel du langage déclaratif

Parent/fils 2	Parent questions ou ordres	Parent commentaires	Énoncées du fils	Énoncés du fils ayant un rapport & -1 mot	Énoncés du fils n'ayant pas de rapport & -1 mot
Janvier	17	15	23	6	4
Juin	6	22	20	10	0
% changement	-64.71	-46.66	-13.04	+66.66	-100
Augmentation ou réduction?	Réduction	Augmentation	Réduction	Augmentation	Réduction
Effet désiré?	Oui	Oui	--	Oui	Oui

Parent/fils 3	Parent questions ou ordres	Parent commentaires	Énoncées du fils	Énoncés du fils ayant un rapport & -1 mot	Énoncés du fils n'ayant pas de rapport & -1 mot
Janvier	6	20	2	0	0
Juin	6	20	4	1	0
% changement	Pas de changement	Pas de changement	+100	Impossible de mesurer	Pas de changement
Augmentation ou réduction?	Pas de changement	Pas de changement	Augmentation	Augmentation	Pas de changement
Effet désiré?	n/a	n/a	--	Oui	n/a

En résumé, de janvier à juin, deux des parents ont diminué les questions et les ordres et augmenté les énoncés déclaratifs, tandis que tous les fils ont augmenté leurs énoncés connexes. Ces aperçus des résultats sont positifs et révèlent une façon éventuelle pour mesurer l'efficacité du langage déclaratif.

Chapitre 14 : Le langage déclaratif : projet pilote

Ces aperçus des résultats sont positifs et révèlent une façon éventuelle pour mesurer l'efficacité du langage déclaratif.

Il est également important de noter que de nombreux autres domaines à explorer en relation avec le langage déclaratif n'entraient pas dans le cadre de ce projet, mais pourraient néanmoins générer des résultats intéressants. Il s'agit notamment de mesures plus nuancées du lien social, telles que des changements dans le rythme de communication du parent, des exemples de références visuelles et le partage d'émotions positives démontré par la communication non verbale (par exemple, sourires, rires, etc.). Ces mesures seront particulièrement importantes pour les enfants moins verbaux ou qui utilisent d'autres formes de communication.

Ce sera également important d'explorer les mesures plus nuancées du lien social, telles que des changements dans le rythme de communication du parent, des exemples de références visuelles et le partage d'émotions positives démontré par la communication non verbale (par exemple, sourires, rires, etc.).

Il reste encore beaucoup de travail pour établir que les changements positifs que j'ai observés sont valables et fiables, et que ces changements sont liés à l'application du langage déclaratif. Je conviens que mon travail est très préliminaire et je présente humblement ce projet comme un premier pas vers la démonstration de l'efficacité du langage déclaratif. Je suis impatiente de voir la suite et que le langage déclaratif soit plus largement connu et utilisé.

PARTIE 7 :
MOTS DE LA FIN

CHAPITRE 15 :
Quelle est la suite des choses ?

Nous voici à la fin. Ou devrais-je dire au début ? Il reste tellement de travail à faire pour que le monde sache qu'il existe une meilleure façon de communiquer et de s'adresser aux personnes ayant des difficultés d'apprentissage social. Lorsque vous modifiez votre propre style de parole, rappelez-vous de vous préparer à la réussite. Commencez doucement dans des contextes gérables et au fur et à mesure que vous vous sentez à l'aise et que vous voyez la différence qui en découle, augmentez votre utilisation du langage déclaratif.

Lorsque vous modifiez votre propre style de parole, rappelez-vous de vous préparer à la réussite.

Lorsque je partage des informations ou que j'anime une formation sur le langage déclaratif, j'entends souvent les gens dire : « Ça a l'air génial, mais ça ne marchera jamais avec mon enfant, mon élève, etc. » Je réponds à cette personne que si elle pense que cela ne marchera pas, elle a probablement raison, car nous devons aborder les enfants

Manuel du langage déclaratif

avec un état d'esprit positif pour que le langage déclaratif fonctionne. Si vous êtes négatif ou sceptique, c'est le message que l'enfant recevra. Le langage déclaratif est ouvert et encourageant, et présume que l'élève fait de son mieux. Il part du principe qu'un enfant peut utiliser un style de communication négatif parce que c'est ce que la vie lui a offert. On donne ce que l'on reçoit.

Le langage déclaratif est ouvert et encourageant, et présume que l'élève fait de son mieux.

Aux personnes sceptiques, je dis également : il ne s'agit pas d'une démarche ponctuelle. Nous ne demandons pas à l'élève de faire ce que nous voulons qu'il fasse dans un cas particulier, et d'en conclure que le langage déclaratif fonctionne ou ne fonctionne pas. Non. Nous cherchons à faire évoluer l'ensemble du paysage communicatif auquel l'enfant est habitué. Nous sommes là pour lui enseigner progressivement qu'il peut faire autrement. Nous cherchons à transformer un mode de communication typiquement négatif ou basé sur la demande en un mode positif. Mais cela prend du temps.

Nous cherchons à faire évoluer l'ensemble du paysage communicatif auquel l'enfant est habitué. Nous sommes là pour lui enseigner progressivement qu'il peut faire autrement.

Nous ne pouvons pas nous attendre à ce qu'un commentaire déclaratif change immédiatement la dynamique. Il ne s'agit pas d'une solution miracle. Nous devons tenir bon et démontrer aux enfants que nous sommes sincères. Nous souhaitons qu'ils comprennent que nous avons changé notre style et notre état d'esprit pour les percevoir de manière positive. Et nous devons persévérer pour leur montrer que nous sommes sérieux. Gardez à l'esprit que tout ce qui

Chapitre 15 : Quelle est la suite des choses ?

est important exige du temps et de l'effort. Pensez à aller sur la lune ! Nous cherchons à faire changer le cap à ces élèves en les aidant à s'ouvrir au monde et à l'apprentissage. Les aider à faire confiance. Les aider à abaisser leurs défenses. Nous commençons doucement parce que c'est la seule façon d'y parvenir - un échange à la fois. Et ces petits moments s'accumuleront et créeront un élan positif.

Nous cherchons à faire évoluer l'ensemble du paysage communicatif auquel l'enfant est habitué. Nous sommes là pour lui enseigner progressivement qu'il peut faire autrement.

Ainsi, dans la vie quotidienne, vous commencerez par une interaction à la fois. Et commencez là où vous vous sentez de plus en plus à l'aise et confiant dans votre changement de style de parole. À long terme, vous changerez la dynamique de la communication avec votre enfant ou votre élève, du négatif vers le positif.

Je souhaite que les lecteurs se souviennent de Christopher comme une illustration de ce phénomène, mais aussi comme la preuve qu'il n'est jamais trop tard pour introduire le langage déclaratif. Je l'ai rencontré à l'âge de 21 ans, et deux ans plus tard, il partageait quelques souvenirs, et à l'âge de 26 ans, ces souvenirs étaient de plus en plus nombreux. Il n'est jamais trop tard pour créer cet environnement de partage d'expériences, mais il faut s'engager et croire que la communication peut être meilleure. Et cela commence avec vous !

Je reconnais tout à fait que nous avons besoin de recherches pour que le langage déclaratif s'impose. J'aimerais trouver des façons de diffuser cette approche et son efficacité à un public plus large, afin qu'elle devienne une stratégie enseignée systématiquement à ceux qui éduquent les enfants vivant avec des difficultés d'apprentissage social - y compris les enseignants, les thérapeutes et les parents. Pour y parvenir, des recherches sont nécessaires afin que le langage déclaratif

Manuel du langage déclaratif

soit automatiquement intégré dans les manuels et les discussions en classe.

D'après mon expérience, je pense que les mesures les plus puissantes du progrès se feront par le biais de la perception des parents et de la manière dont le langage d'un enfant évolue au fil du temps. Je suis aussi convaincu que les progrès devront être mesurés sur plusieurs mois ou années, car comme mentionné, il faudra du temps pour modifier le paysage communicatif.

Je serais reconnaissante toute aide pour concevoir une étude visant à reproduire mes premiers résultats ou à réfléchir à une manière différente de mesurer les impacts positifs du langage déclaratif. Si vous êtes un chercheur qui a des idées et que cela vous intéresse, contactez-moi, s'il vous plaît.

Le langage déclaratif est une stratégie puissante, mais sous-utilisée. Cela pourrait changer. Ce que nous disons et la manière dont nous le disons sont importants. Aidez-moi à changer le monde des enfants et des adultes rencontrant des difficultés d'apprentissage social en diffusant ce message important.

ANNEXE

Dans les pages qui suivent, vous trouverez les questionnaires que j'ai utilisés dans le cadre de mon projet pilote de 2017 sur le langage déclaratif :
1. Questionnaire de base du soignant
2. Exemple de feuille de réflexion sur les vidéos (feuille de travail 5 - Ruptures de communication et réparations)
3. Questionnaire final du soignant

Manuel du langage déclaratif

1. Projet pilote sur le langage déclaratif – Questionnaire de base du soignant

Date:
Nom de l'enfant: Date de naissance de l'enfant:
Personne remplissant le formulaire: Lien avec l'enfant:

1. Sur une échelle de 1 à 5, où 1 = novice et 5 = compétent, dans quelle mesure vous sentez-vous à l'aise avec votre propre utilisation du langage déclaratif ? Veuillez encercler :

1 Novice	2	3	4	5 Compétent

2. Qu'espérez-vous tirer de votre participation à ce projet ?

Veuillez encercler le chiffre qui correspond le mieux à chaque affirmation, *1 = rarement* et *3 = souvent* :

	Rarement	Parfois	Souvent
3. Mon enfant initie spontanément la communication avec moi.	1	2	3
4. Je me sens émotionnellement proche de mon enfant.	1	2	3
5. Mon enfant et moi rions ensemble.	1	2	3
6. J'incite mon enfant à faire des choses.	1	2	3
7. J'incite mon enfant à répondre à des questions.	1	2	3
8. Mon enfant me regarde lorsqu'il communique.	1	2	3
9. Mon enfant utilise le langage pour répondre à ses besoins immédiats.	1	2	3
10. Mon enfant utilise le langage pour partager ses souvenirs, ses opinions, ses idées et ses observations.	1	2	3
11. J'ai des échanges avec mon enfant dans un sens et dans l'autre sans l'inciter à le faire.	1	2	3

12. Veuillez partager une anecdote ou un exemple d'un échange communicatif typique avec votre enfant.

Merci de vos réponses !

ANNEXE

2. Projet pilote sur le langage déclaratif
Feuille de travail 5 - Ruptures de communication et réparations

Date:
Nom de l'enfant: Date de naissance de l'enfant:
Personne remplissant le formulaire: Lien avec l'enfant:

1. Quelle activité avez-vous choisi de faire avec votre enfant ?

2. Quelles ont été les ruptures de communication que vous avez constatées au cours de cette activité ?

Après avoir visionné le vidéoclip, qu'avez-vous observé au sujet de l'interaction ?	Rarement		Parfois		Souvent
3. J'ai posé des questions à mon enfant.	1	2	3	4	5
4. J'ai fait des commentaires.	1	2	3	4	5
5. J'ai partagé mes sentiments, mes souvenirs, mes opinions et mes expériences.	1	2	3	4	5
6. J'ai utilisé des pronoms de la première personne tels que je, nous, notre et « faisons ».	1	2	3	4	5
7. J'ai senti que nous avions établi et maintenu une attention commune.	1	2	3	4	5
8. J'étais présent dans l'instant.	1	2	3	4	5
9. J'ai reconnu la raison des ruptures de communication.	1	2	3	4	5
10. J'ai nommé la raison des ruptures de communication en utilisant un langage déclaratif.	1	2	3	4	5
11. Après avoir commenté la rupture, j'ai attendu calmement pour laisser à mon enfant le temps de la réparer spontanément.	1	2	3	4	5
12. J'ai guidé mon enfant sur la façon de réparer quand c'était nécessaire.	1	2	3	4	5
13. Je suis bienveillant envers moi-même. Je me parle de manière positive lorsque j'apprends quelque chose de nouveau.	1	2	3	4	5

14. Qu'est-ce qui vous a plu dans ce clip ?

15. Qu'avez-vous observé que vous pourriez faire différemment la prochaine fois?

16. Y a-t-il eu, depuis notre dernière formation, des occasions imprévues de rupture ou de réparation de la communication que vous avez saisies sur le moment ?

17. Des questions pour Linda ?

Manuel du langage déclaratif

3. Projet pilote sur le langage déclaratif – Questionnaire final du soignant
Partie 1 - Réflexions

Date:
Nom de l'enfant:
Personne remplissant le formulaire:
Date de naissance de l'enfant:
Lien avec l'enfant:

1. Sur une échelle de 1 à 5, où 1 = novice et 5 = compétent, dans quelle mesure vous sentez-vous à l'aise avec votre propre utilisation du langage déclaratif ? Veuillez encercler :

1 Novice	2	3	4	5 Compétent

2. Que pensez-vous avoir appris en tant que parent en participant à ce projet ? Veuillez être aussi précis que possible.

3. Que pensez-vous que votre enfant a gagné ?

4. Comment vos interactions avec votre enfant ont-elles changé depuis le début de ce projet ?

Veuillez encercler le chiffre qui correspond le mieux à chaque affirmation, 1 = *rarement* et 3 = *souvent* :

	Rarement	Parfois	Souvent
5. Mon enfant initie spontanément la communication avec moi.	1	2	3
6. Je me sens émotionnellement proche de mon enfant.	1	2	3
7. Mon enfant et moi rions ensemble.	1	2	3
8. J'incite mon enfant à faire des choses.	1	2	3
9. J'incite mon enfant à répondre à des questions.	1	2	3
10. Mon enfant me regarde lorsqu'il communique.	1	2	3
11. Mon enfant utilise le langage pour répondre à ses besoins immédiats.	1	2	3
12. Mon enfant utilise le langage pour partager ses souvenirs, ses opinions, ses idées et ses observations.	1	2	3
13. J'ai des échanges avec mon enfant dans un sens et dans l'autre sans l'inciter à le faire.	1	2	3

14. Veuillez partager une anecdote ou un exemple d'un échange communicatif récent avec votre enfant.

ANNEXE

Partie 2 – Commentaires pour Linda - Merci d'évaluer et de partager vos commentaires

Quelle a été l'utilité de chaque partie de nos formations ?	Sans utilité	Légèrement utile		Très utile
Suivi : réflexions, discussion, questions *Commentaires, retours d'expérience ou idées d'amélioration ?*	1	2	3	4	5
Révision des vidéos des devoirs à la maison *Commentaires, retours d'expérience ou idées d'amélioration ?*	1	2	3	4	5
Présentation des nouveaux concepts				
Définition/explication d'une idée	1	2	3	4	5
La mécanique	1	2	3	4	5
Exemples de vidéos *Commentaires, retours d'expérience ou idées d'amélioration ?*	1	2	3	4	5
Devoirs à la maison *Commentaires, retours d'expérience ou idées d'amélioration ?*	1	2	3	4	5

Manuel du langage déclaratif

Quelle est l'utilité de chaque concept ?	Sans utilité	Légèrement utile		Très utile
Session 1: Déclaratif vs. Impératif *Commentaires, retours d'expérience ou idées d'amélioration ?*	1	2	3	4	5
Session 2: Évaluation *Commentaires, retours d'expérience ou idées d'amélioration ?*	1	2	3	4	5
Session 3: Découvertes *Commentaires, retours d'expérience ou idées d'amélioration ?*	1	2	3	4	5
Session 4: Partages des expériences *Commentaires, retours d'expérience ou idées d'amélioration ?*	1	2	3	4	5
Session 5: Les ruptures et les réparations *Commentaires, retours d'expérience ou idées d'amélioration ?*	1	2	3	4	5
Session 6: Prendre du recul *Commentaires, retours d'expérience ou idées d'amélioration ?*	1	2	3	4	5
Session 7: Récapitulation et bilan *Commentaires, retours d'expérience ou idées d'amélioration ?*	1	2	3	4	5

ANNEXE

Avez-vous d'autres retours ou commentaires pour aider Linda à améliorer ce que ce qui a été fait ?

Votre conjoint/partenaire serait-il intéressé par cette série de formation dans un avenir proche ?

Seriez-vous intéressé(e) à participer à une réunion de suivi avec notre groupe en automne ?

Nous vous remercions de vos réponses !

BIBLIOGRAPHIE

Braaten, E. & Willoughby, B. (2014). *Bright kids who can't keep up.* New York, NY: The Guilford Press.

Brown, B. (2010). *The gifts of imperfection: Let go of who you think you're supposed to be and embrace who you are.* Center City, MN: Hazelden Publishing.

Cook, B. & Garnett, M. (2018). *Spectrum women.* London: Jessica Kingsley Publishers.

Cook, J. (2008). *Don't be afraid to drop!* Chattanooga, TN: National Center for Youth Issues.

Deak, J. (2010). *Your fantastic, elastic brain: Stretch it, shape it.* Naperville, IL: Little Pickle Press.

Dweck, C.S. (2007). *Mindset: The new psychology of success.* New York, NY: Ballantine Books.

Fredrickson, B.L. (2004). The broaden-and-build theory of positive emotions. *Philosophical Transactions of the Royal Society B: Biological Sciences.* 359(1449): 1367–1378.

Manuel du langage déclaratif

Garland, E.L., Fredrickson, B., Kring, A.M., Johnson, D.P., Meyer, P.S., & Penn, D.L. (2010). Upward spirals of positive emotions counter downward spirals of negativity: Insights from the broaden-and-build theory and affective neuroscience on the treatment of emotion dysfunctions and deficits in psychopathology. *Clinical Psychology Review,* 30(7), 849-64.

Grandin, T. & Panek, R. (2013). *The Autistic brain: Thinking across the spectrum.* New York, NY: Houghton Mifflin Harcourt Publishing.

Greene, R. (2016). *Lost and found: Helping behaviorally challenging students (and while you're at it, all the others).* San Francisco, CA: Jossey-Bass.

Greene, R. (2008). *Lost at school: Why our kids with behavioral challenges are falling through the cracks and how we can help them.* New York, NY: Scribner.

Groden, J., Kantor, A, Woodard, C & Lipsitt, L. (2011). *How everyone on the Autism Spectrum, young and old, can ...: Become resilient, be more optimistic, enjoy humor, be kind, and increase self-efficacy - A positive psychology approach.* London: Jessica Kingsley Publishers.

Gutstein, S. E. (2009). Empowering families through Relationship Development Intervention: an important part of the biopsychosocial management of autism spectrum disorders. *Annals of Clinical Psychiatry,* 21(3), 174-82.

Gutstein, S.E. (2004). Relationship Development Intervention[MD]: Developing a treatment program to address the unique social and

BIBLIOGRAPHIE

emotional deficits in Autism Spectrum Disorder. *Autism Spectrum Quarterly,* Winter, 8-12.

Gutstein, S.E. (2004). The effectiveness of Relationship Development Intervention[MD] on remediating core deficits of autism-spectrum children. *Journal of Developmental and Behavioral Pediatrics,* 25(5), 275.

Gutstein, S. E. (2009). *The RDI book: Forging new pathways for Autism, Asperger's and PDD with the Relationship Development Intervention Program.* Houston, TX: Connections Center Publishing.

Gutstein, S. E., Burgess, A. F., & Montfort, K. (2007). Evaluation of the Relationship Development Intervention Program. *Autism: The International Journal of Research and Practice,* 11(5), 397-411.

Gutstein, S. E. (2007). *Relationship Development Intervention (RDI[MD]) Program and education.* Houston, TX: Connections Center Publishing.

Hobson, J. A., Hobson, P., Gutstein, S., Ballarani, A., Bargiota, K. (2008). Caregiver-child relatedness in autism, what changes with intervention? Poster presented at the meeting of the *International Meeting for Autism Research.*

Hobson, J. A., Tarver, L., Beurkens, N., & Hobson, R. P. (2016). The relation between severity of Autism and caregiver-child interaction: A study in the context of Relationship Development Intervention. *Journal of Abnormal Child Psychology.* 44(4), 745-55.

Manuel du langage déclaratif

Kedar, I. (2012). *Ido in Autismland: Climbing out of Autism's silent prison.* Sharon Kedar.

Keller, G. (2013). *The ONE thing: The surprisingly simple truth behind extraordinary results.* Austin, TX: Bard Press.

Kim, C. (2014). *Nerdy, shy and socially inappropriate: A user guide to an Asperger life.* London: Jessica Kingsley Publishers.

Jones, C. (1994). *Mistakes that worked: 40 familiar inventions & how they came to be.* New York, NY: Delacorte Books for Young Readers.

Kuypers, L. (2011). *The Zones of Regulation: A curriculum designed to foster self-regulation and emotional control.* Santa Clara, CA: Think Social Publishing, Inc.

Murphy, L.K. (2010). Episodic memory, experience sharing, and children with ASD. *Autism Spectrum Quarterly,* Fall, 15-16.

Murphy, L.K. (2012). Thinking beyond eye contact. *Autism Spectrum Quarterly,* Winter, 15-16.

Murphy, L.K. (2010). The critical importance of declarative language input for children with ASD. *Autism Spectrum Quarterly,* Winter, 8-10.

Murphy, L.K. (2019). The importance of sharing personal memories to make language meaningful. *Autism Asperger's Digest,* February – April, 33-35.

BIBLIOGRAPHIE

Murphy, L.K. (2018). What we say and how se say it matters. *Autism Asperger's Digest, August – October, 32-33.*

Larkin, F., Guerin, S., Hobson, J. A., & Gutstein, S. E. (2015). The relationship development assessment - research version: Preliminary validation of a clinical tool and coding schemes to measure parent-child interaction in autism. *Clinical Child Psychology and Psychiatry,* 20(2), 239-60.

Parish, P. (2013). *Amelia Bedelia.* Broadway, NY: Greenwillow Books.

Prizant, B. M. (2010). Respect begins with language: Part I. *Autism Spectrum Quarterly,* Summer, 26-28.

Prizant, B. M. (2010). Respect begins with language: Part II. *Autism Spectrum Quarterly,* Fall, 29-33.

Prizant, B. M. (2011). The use and misuse of evidence-based practice: Implications for persons with ASD. *Autism Spectrum Quarterly,* Fall, 43-49.

Prizant, B. M. (2009). Treatment options and parent choice: Is ABA the only way? Part II. *Autism Spectrum Quarterly,* Spring, 28-32.

Prizant, B. M., and Laurent, A.C. (2011). Behavior is not the issue: An emotional regulation perspective on problem behavior: Part I. *Autism Spectrum Quarterly,* Spring, 28-30.

Manuel du langage déclaratif

Prizant, B. M., and Laurent, A.C. (2011) Behavior is not the issue: An emotional regulation perspective on Problem Behavior: Part II. *Autism Spectrum Quarterly*, Summer, 34-37.

Saltzberg, B. (2010). *Beautiful oops!* New York, NY: Workman Publishing Company.

Siegel, D. (2015). *Brainstorm: The power and purpose of the teenage brain.* New York, NY: Tarcher-Perigee.

Siegel, D. (2014). *Parenting from the inside out: How a deeper self-understanding can help you raise children who thrive.* New York, NY: Jeremy P. Tarcher/Penguin.

Siegel, D. (2012). *The developing mind: How relationships and the brain interact to shape who we are.* New York, NY: The Guildford Press.

Siegel, D. & Bryson, T.P. (2012). *The whole-brain child: 12 revolutionary strategies to nurture your child's developing mind.* New York, NY: Bantam.

Spires, A. (2014). *The most magnificent thing.* Toronto: Kids Can Press.

Winner, M.G. (2000). *Inside out: What makes a person with social cognitive deficits tick?* Santa Clara, CA: Think Social Publishing, Inc.

Winner, M.G. (2006). *Social Behavior Mapping: Introducing the social emotional chain reaction.* Santa Clara, CA: Think Social Publishing, Inc.

BIBLIOGRAPHIE

Winner, M.G., & Murphy L.K. (2016). *Social thinking and me.* Santa Clara, CA: Think Social Publishing, Inc. Winner, M.G. (2007). *Thinking about you. Thinking about me.* Santa Clara, CA: Think Social Publishing, Inc.

INDEX

A

âge 19, 88, 119
anxiété 110
attendre 76, 80, 83, 89, 109, 118
attente 14, 76, 77, 85
attention 3, 4, 5, 15, 18, 63, 74, 82, 83, 84, 87, 91, 108
autonomie 15, 17, 53, 110
autorégulation 27
avoir une vue d'ensemble 4, 14, 100

B

bloqué 101

C

coincé 32, 82, 101
commentaires 12, 15, 20, 41, 59, 61, 62, 63, 79, 81, 86, 93, 112, 113, 114
compétence sociale 8, 31, 34
Compréhension 85
comprendre 4, 8, 13, 15, 19, 24, 25, 28, 29, 43, 64, 73, 86, 91, 101, 103, 109
conférence de la famille Burr 106
confiance 1, 9, 41, 48, 49, 50, 52, 70, 78, 89, 91, 110, 119
conscience de soi 17
contact visuel 16, 23, 24, 25, 28, 98
conversations 3, 101, 109, 110, 111
curiosité 28, 42, 89

D

déception 100
déclaratif 3, 4, 7, 8, 9, 13, 15, 17, 18, 19, 20, 21, 25, 26, 28, 36, 42, 49, 51, 52, 56, 57, 58, 61, 62, 65, 66, 71, 72, 73, 74, 75, 76, 77, 78,

Manuel du langage déclaratif

81, 82, 83, 84, 85, 86, 88, 91, 93, 96, 97, 102, 105, 106, 107, 108, 109, 110, 111, 114, 115, 117, 118, 119, 120, 121
découvrir 8, 52, 82
déduire 76
dépannage 2, 8, 74, 77, 78, 79, 81, 91, 109
distraction 84

E

échafaudage 109
erreurs 48, 49, 50, 51, 53, 54, 73
   fautes 48, 49, 50, 51, 53, 54, 73

F

flexible 4, 64
   4, 64

G

geste 86, 87
grille d'opinion 43, 44
accompagnement 67, 103

H

habitude 20, 26, 56, 58, 62, 80, 90, 91, 98
huiles essentielles 42

I

impératif 11, 13, 17, 18, 19, 27, 28, 35, 36, 61, 63, 68, 71, 72, 73, 74, 89, 93, 97, 111
incertitude 66, 67, 79
incitation 35, 81
indépendant 90, 99
indépendant 90
indices 14, 75, 78, 101, 103
initiative 99, 110
initiative
   initier 99, 110
inquiétude 33, 55, 70, 87
intégrer 70, 77, 86, 110

J

jeu 14, 26, 27, 28, 35, 36, 43, 49, 56, 96
jouer 26, 27, 28, 35, 69, 79, 96
juste 28, 36, 61, 87

L

langage corporel 44
L'apprentissage sans erreur 48
lutte/fuite/immobilisation 35, 39, 47

M

mémoire 7, 16, 19, 31, 32, 33,

INDEX

34, 36, 37, 56, 85, 86, 100
mémoire épisodique 7, 31, 32, 33, 34, 36, 37, 56, 85, 86, 100

O

observation 7, 16, 28, 51, 52, 76
opinion 42, 43, 44, 69, 95, 110

P

pairs 28, 36
parfait 51
patience 8, 89, 100, 109
patient 54, 96, 97, 98, 100, 103
perspective 19, 39, 64, 109, 133, 134
positivité 88
possibilité 7, 14, 28, 66, 68, 100
progrès 2, 9, 97, 102, 103, 107, 120
projet pilote sur le langage déclaratif 106
pronoms 69

R

RDA 111

RDI 3, 7, 18, 23, 105, 106, 111, 113, 131
réactions émotionnelles 42
recherche 9, 31, 33, 57
référence visuelle 23, 25, 26, 75
réparation 68, 74, 84, 99
réparer 48, 49, 68, 99
résilience 50
résolution de problèmes 13, 52, 55, 60, 63, 65, 68, 99
résoudre des problèmes 4, 6, 31, 99, 103
ruptures de communication 68, 99, 103
rythme 2, 8, 20, 39, 40, 43, 52, 57, 69, 75, 77, 78, 82, 85, 86, 109, 115

S

se défendre 7
sens 23, 25, 26, 28, 67, 85
sentiments 7, 13, 39, 40, 42, 54, 65, 66, 67, 77, 79, 87, 99, 101, 107, 110
souvenir 17, 33, 35, 63, 76, 84, 103
stress 16, 28, 56, 59

T

traitement 3, 61, 78, 79, 80, 82, 91

Manuel du langage déclaratif

TSA 1

V

verbes 63, 64, 101
verbes cognitifs 63, 64, 101
vocabulaire 65, 85, 101

Z

zone de confort 42, 47, 50

www.ingramcontent.com/pod-product-compliance
Lightning Source LLC
Chambersburg PA
CBHW072208070526
44585CB00015B/1251